MAITRES ANCIENS et MODERNES
SOUS LA DIRECTION
de GUSTAVE GEFFROY
DE L'ACADÉMIE GONCOURT

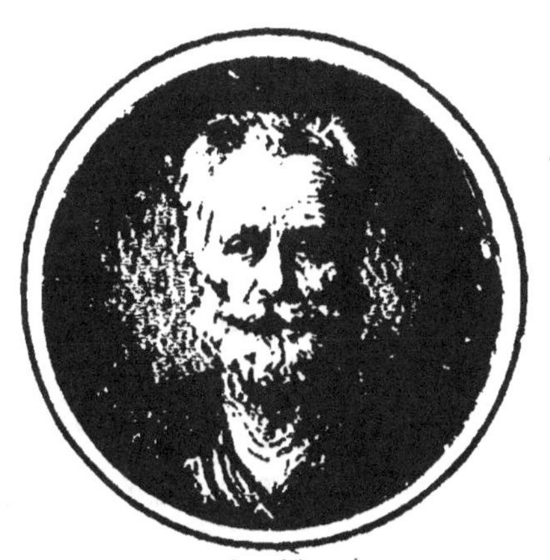

RIBERA

PAR

ÉDOUARD CONTE

EDITIONS NILSSON . PARIS

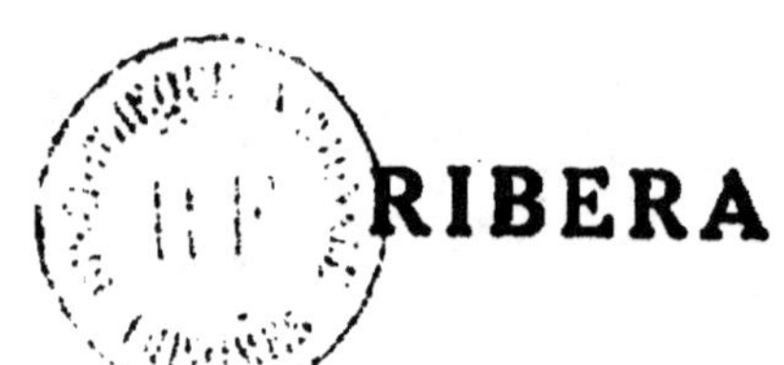

RIBERA

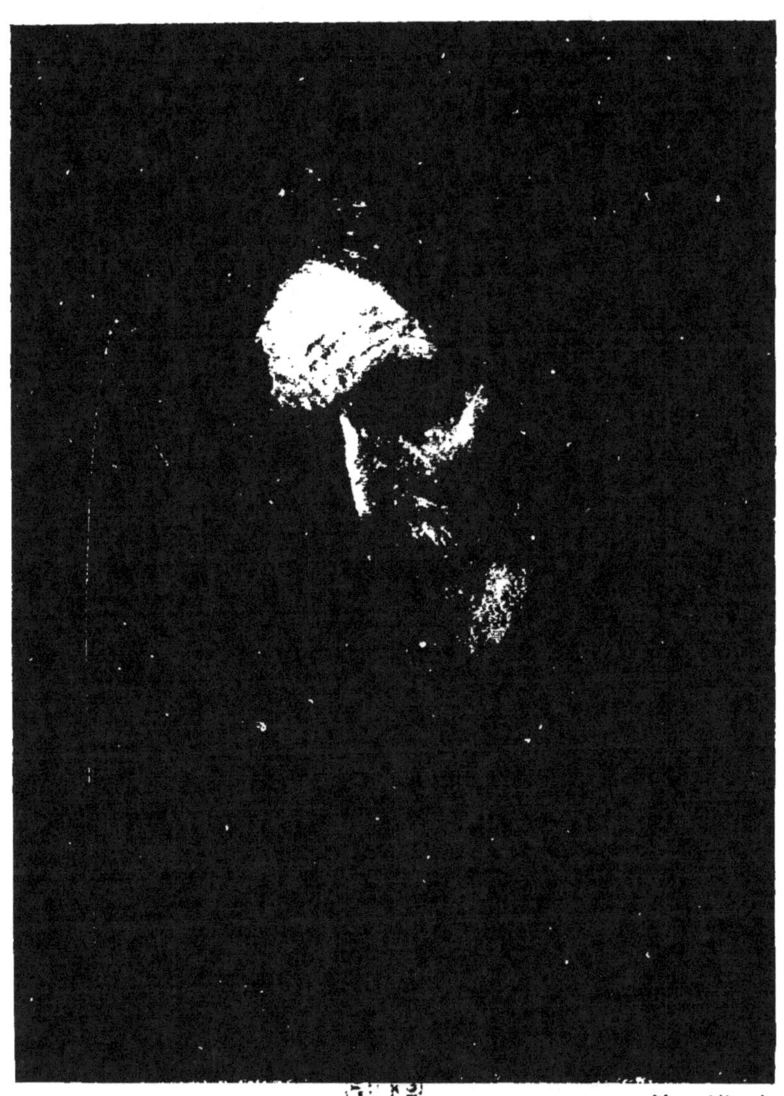

Photo Alinari.

TÊTE PENSIVE D'HOMME AGÉ
(Fragment de la Déposition de Croix)
(Naples. Chartreuse Saint-Martin)

F.

MAITRES ANCIENS ET MODERNES

SOUS LA DIRECTION DE

GUSTAVE GEFFROY, DE L'ACADÉMIE GONCOURT

RIBERA

PAR

ÉDOUARD CONTÉ

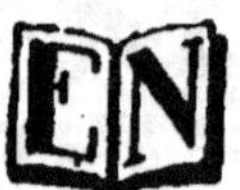

ÉDITIONS NILSSON

8, RUE HALÉVY, 8

PARIS

PRÉFACE

PRÉFACE

Édouard Conte est un journaliste, un journaliste-né, de ceux qui sont toujours prêts à regarder, à voir, à comprendre, et à relater ce qu'ils ont regardé, vu et compris. C'est la faculté maîtresse de reporters qui ne sont pas seulement des coureurs agiles, bien plus extraordinaires que les sportifs des pistes et des routes. Courir en contemplant, tel est le problème résolu par ceux qui deviennent les maîtres d'un style bref, presque télégraphique, et soudain reposé par la description et la réflexion. Combien d'aspects de paysages, de foules, de fêtes, de combats, de sinistres! Combien de portraits de personnages! ont défilé depuis l'invention du journal, en colonnes serrées, sur le papier frais de l'imprimerie, qui va bientôt jaunir, puis tomber à jamais en poussière. J'ai souvent rêvé d'une anthologie monstre des écrits des journalistes au xix° siècle, en France, car il faut savoir se borner, ne pas remonter aux gazettes de l'ancien temps, ni passer les frontières. Quel trésor! quelle encyclopédie! Quelle poésie des faits!... Mais je veux rester avec Edouard Conte, que je considère comme passé maître en ce genre.

Il avait, il a toujours, l'excès des qualités nécessaires à une telle besogne journalière, et on le lui fit bien savoir. Après qu'il eût, pendant des années, illustré d'une prose exacte et acerbe les spectacles contemporains, il voulut condenser ses observations, composa le livre de l'*Enfer*, où il peignit, de la même plume corrosive, le monde des faiseurs de journaux, les mœurs politiques et financières des commanditaires, des dirigeants, et aussi celles des dirigés. Du coup, cette œuvre d'un journaliste lui ferma les journaux. Il ne faisait pas bon voir trop clair dans les officines où se préparent les poisons quotidiens qui ont endormi l'esprit public réveillé, disait-on, par les hommes du xviii° siècle et par les hommes de la Révolution. Des révolutions, on en a fait pour proclamer et établir la liberté de la presse, mais cette liberté n'a pas été celle des journalistes, elle a été celle des agents de publicité et des spéculateurs sur la

hausse et la baisse de l'opinion. Le résultat a été
la mort des journaux à programmes et à prin-
cipes, et le règne des journaux neutres créant
l'indifférence nationale pour cinq centimes par
jour, — je parle du prix d'avant-guerre. Aujour-
d'hui, c'est plus cher! Le résultat a été encore
qu'Edouard Conte, et quelques autres, ont dû se
réfugier, il y a un quart de siècle, dans des journaux des départements qui gardent une place à la
littérature et à la recherche de la vérité, — une clai-
rière ouverte au milieu des broussailles de la poli-
tique.

Avant l'*Enfer*, Édouard Conte avait publié les
Mal vus où il réunissait, par goût du pittoresque
et de la truculence, des types de déclassés. Après,
un livre où l'âpreté cache la tendresse, *Charles
Sauvageon*, sensations d'enfance vécue dans
le Roussillon. Et ceci nous amène à *Espagne et
Provence*, impressions publiées en partie dans la
Revue de Paris au temps de Louis Ganderax,
et dont le sujet principal dresse sur les flots l'île
de Majorque et Minorque. Edouard Conte sent
l'Espagne, dont sa naissance l'a fait voisin, et il
m'apparaît un Catalan autant qu'un Roussillon-
nais lorsqu'il vient me voir, coiffé de son chapeau
gris à larges ailes, drapé dans un manteau cou-

deur de bure, et que m'apparaît son visage rocail-
leux comme de la pierre roussie au soleil, et
qu'éclairent des yeux rieurs et une parole
enflammée et joviale. Il sent l'Espagne, il en aime
le tranchant d'ombre et de lumière opposés, sans
guère de nuances. Il est né à une petite étape des
Pyrénées, il les a franchies, et il n'a jamais tourné
le dos au versant sud. Il s'est montré ainsi dans
sa monographie de *Madrid*, publiée dans le
Figaro illustré, mais ce mot de monographie
éveille l'idée d'une besogne érudite sans caractère et sans passion, où chez l'artiste on n'aperçoit
que l'artisan. Delacroix, dans son *Journal*, distingue nettement ces deux termes. Bien au delà du
cadre de son tableau, l'artiste prolonge les mœurs
et l'exaltation d'un temps. Aussi, dans son étude
sur *Ribera*, l'homme surtout l'occupe, l'étude de
l'homme pouvant seule redresser les préjugés cou-
rants sur son génie.

Aussi quel portrait il a peint, de couleurs noires
et pauvres, de cet Espagnol devenu Napolitain,
l'Espagnolet emportant son pays et sa race avec
lui, imitant peut-être le Caravage, mais gardant le
génie de sa patrie. Il y a en lui l'horreur et peut-
être le goût des supplices, il exerce sa main inexo-
rable sur tous les saints de la chrétienté ; il brise

leurs os, il les roue, il les écartèle, il lacère et
écorche leur peau, leur chair saigne à pleines
veines dans l'ombre noire où il les enfouit pour
les supplicier, il exhibe sous de froids rayons de
lumière, venus de soupiraux invisibles, leurs
chairs blafardes et mortes. Et quelle manière
directe, dure et sensible, Edouard Conte a
employée, instinctivement, pour mettre en scène,
par la page écrite, les grandes et robustes figures
de l'*Adoration des Bergers*, de l'*Ensevelissement
du Christ*, du *Pied-Bot*, par quoi se prouve que
Ribera, dit, l'Espagnolet, rêva l'Espagne, qu'il ne
devait jamais revoir, dans cette Naples qu'il
aborda à vingt ans, et qu'il ne devait jamais
quitter. Ainsi le voit et le représente son bio-
graphe Edouard Conte, en un style pierreux, d'où
jaillissent les étincelles, et aussi la flamme noire
et rouge, la même flamme qui brûle dans l'âme
du peintre du xviie siècle et dans l'esprit libre de
l'écrivain du xxe siècle.

GUSTAVE GEFFROY.

RIBERA

I

De l'utérus à la tombe.

Les Espagnols ne sont pas grands dépouilleurs d'archives. La lampe de l'érudit à la main, ils ne creusent guère dans l'inconnu de leurs grands hommes pour en extraire d'insoupçonnés filons. On ne rencontre pas souvent, à travers Madrid, de ces teints de bibliothèque dont la matité est comme la réverbération, sur la face, du papier à belles impressions. Théophile Gautier a écrit une vie de Velasquez. *Pinxit et placuit*, aurait-il pu se borner à dire, tant cette vie est chiche de témoignages contemporains.

Que l'acte de naissance de Ribera ait été conservé, qu'à l'ayuntamiento de Jativa, dans le *royaume* de Valence, comme disent encore les gens du pays, une écriture rancie par trois cent quarante et un ans d'âge, mentionne que Jusepe de Ribera, né de Luis de Ribera et de Margarita Gil, a grossi l'armée des chrétiens, c'est un bonheur qui aurait pu ne pas être. Lors de la guerre de la Succession d'Espagne, la ville prit le parti de Philippe V, et si les registres des églises ne flambèrent point, c'est que la guerre ne fit que défiler en vue de ses murailles.

L'étiage social de ses parents ? Ils devaient avoir du bien, puisque, au dire d'un compilateur, « le enviaron a aquella capital (Valence) a estudiar la latinidad con el fin de inclinarle a la carrera de las letras ». Mais que la particule ne vous impose point. Pignon sur rue et terres au soleil, elle n'atteste pas davantage. Voulez-vous mesurer la noblesse de ces contadins, citadins mi-partie, dans cette Espagne où le souvenir de la fraternité d'armes contre les Maures autorisait un égal à égal de langage qui, encore aujourd'hui, est sensible ? Lisez : *L'Alcalde de Zalamea* de Calderon. Ce drame est de l'an 1650. Mais l'action en est sous Philippe II. Cet alcalde — maire de son village — travaille la terre de ses mains. Son fils le quittant pour s'enrôler, il lui dit adieu :

Grâce à Dieu, Jean, tu sors d'un sang plus pur que le soleil, quoique plébéien... Sois courtois par-dessus tout, sois libéral et affable, car c'est le chapeau et l'argent qui font les amis, et tout l'or qu'engendre le soleil dans les entrailles des Indes ou que la mer a englouti ne vaut pas l'avantage d'être aimé. Ne dis point du mal des femmes, ce sont elles, après tout, qui nous mettent au monde. Ne te bats pas pour la moindre chose. Ce n'est point à se battre avec courage et adresse qu'on doit exercer un homme, mais à savoir pourquoi il se bat. Avec ces conseils et avec l'argent que tu emportes pour ton voyage, j'espère, Dieu aidant, te voir un jour en meilleure posture. Adieu, mon fils, je sens que je m'attendris en te parlant.

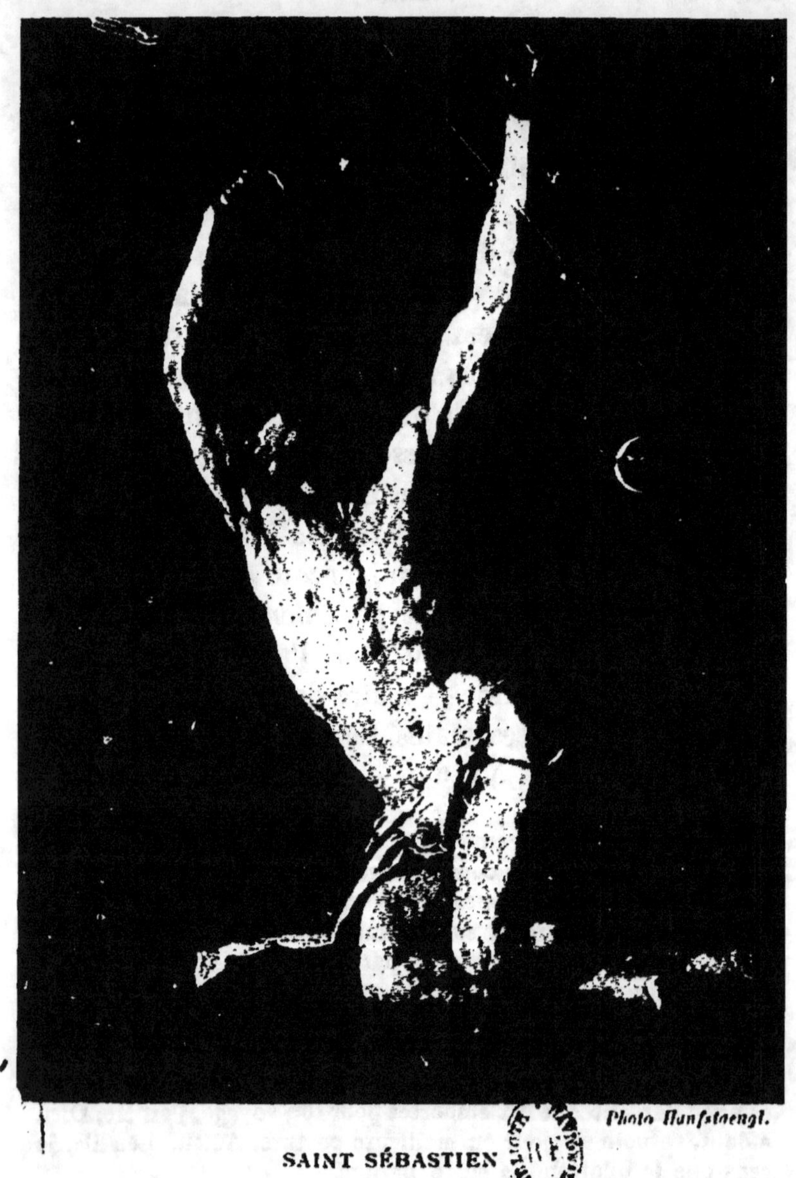

SAINT SÉBASTIEN

(Berlin)

A en juger par le timbre haut sonnant de son âme, Ribera a dû avoir des parents de cette trempe.

« Deux sujets étrangers m'ont paru admirables — écrit Taine : 1° Venise de 1520 à 1576 ; 2° l'Espagne de 1600 à 1690, la grande époque de la littérature et de la peinture espagnoles, les romans picaresques, les mœurs peintes par Mme d'Aulnoy et Mme de Villars : il y a là un moment étrange et supérieur de l'espèce humaine, avec mélange de monomanie et d'exaltation. »

Ribera est à ce point exalté qu'en 1606 — il a dix-huit ans — il fait faux bond à la pacifique *carrera de las letras* et tente la peinture sous Ribalta.

Valencien d'origine et, après un séjour en Italie, revenu dans sa « capitale », celui-ci travaillait pour les églises où il décollait, écorchait, lacérait, crucifiait, lapidait, rôtissait plus de martyrs qu'il y en eut sous Dioclétien. Il pratiquait l'antithèse du bourreau bestial et de la sainte en extase qui attend en douceur le coup du lapin ; l'un et l'autre colorés au point qu'ayant vu à Majorque, il y a un quart de siècle, une de ses toiles dans la galerie du comte de Montenegro — vendue depuis à des Américains — le manteau violet dont il drape une de ses victimes caresse encore mes yeux de mémoire, tel un dévot à qui la hantise de son église tient dans l'éclat d'un vitrail.

L'Italie ! Elle aimantait alors, non comme aujourd'hui les pèlerins du passé, mais celui que dans sa patrie tourmente une patrie plus haute, où les créateurs sont concitoyens. Que tout jeune, vingt ans, dit-on, *todavia muchacho*, il ait coupé le cordon ombilical de Valence, qu'il soit parti sans viatique, *pobre y desnudo*, la peinture étant, pour ses père et mère, une gueuse à ne pas courir, qu'il ait pris la mer, cette mer qu'il ne devait plus repasser, ce va-tout est un trait de caractère. Ce qu'il jetait par-dessus bord, c'était le reproche que, aux heures sombres, les dieux lares vous feront de les avoir quittés, reproche qui déjà lui toque de petits coups au cœur, nonobstant la nouveauté de l'appareillage et le symbole de l'étrave fendant les flots comme sa destinée les obstacles vers un merveilleux avenir. Les cœurs secs de biographes enregistrent ces victoires de la volonté sur le sentiment. Ils n'en soupçonnent point l'intime duel.

Sur les premiers pas de Ribera en Italie, les chroniqueurs italiens nous en content. Fables que la bienveillance n'a pas dictées. L'Espagnolet — ainsi l'appelaient-ils non sans dérision pour sa petite taille — l'Espagnolet avait dans l'âme la hauteur qui lui manquait à la toise. Il bravait. Les peintres alors se disputaient les décorations de chapelles avec autant d'âpreté qu'aujourd'hui celles des théâtres et des mairies. Voilà un concurrent de plus et qui usurpe, étant étranger. Dans sa *Vie des peintres*, Vasari le loue « pour sa richesse et sa solidité espagnoles... » mais ne lui fait pas l'honneur d'un chapitre.

On dit qu'il en vint à cette détresse de gueuser son pain par les routes et que la besace du mendigot ballotta sur ses flancs. Sans doute mendier n'était pas

MARTYRE DE SAINT ANDRÉ,

(Budapest. Musée des Beaux-Arts)

une humiliation. Les étudiants en chemin vers Salamanque imploraient de quoi préparer leurs grades. Cervantès nous montre des soldats momentanément inoccupés par Philippe II tendre la main en étalant leurs balafres. Lorsqu'il peignit son fameux nabot et pied bot, ce n'était donc pas une fantaisie de l'artiste que son infirme tînt en évidence de la main senestre un papier où se lit : *Da mihi eleemosynam propter amorem dei* : donne-moi l'aumône pour l'amour de Dieu. Qui sait si, fort du latin qu'il avait emmagasiné à Valence, qui sait si Ribera ne traçait sur sa toile cette harmonieuse supplication pour l'avoir proférée lui-même ? C'est ainsi que l'œuvre s'éclaire par les abîmes de la vie.

A en croire Vasari, Ribera aurait été le disciple du Caravage, puis l'imitateur. Ce peintre est mort en 1609, Ribera ayant alors vingt et un ans, n'a pu être son élève que peu de jours. Qu'il l'ait imité, c'est une assertion. On cherche une similitude, on n'en découvre point. Au Louvre, dans la galerie du bord de l'eau, Ribera est à gauche; à droite, un peu plus loin, la *Mort de la Vierge*, du Caravage. Comparez, confrontez. Là, autour du Christ mort et que l'ombre gagne, c'est d'un beau contraste que ceux qui se penchent sur son cadavre multiplient leur émotion par la vigueur de lumière dont ils sont comme superhumanisés. Ici, une teinte uniformément sépulcrale groupe pour une fin de cinquième acte une centripète figuration.

Associer le Caravage à Ribera, le motif est autre.

Ce peintre était un mauvais coucheur. Un passant le regardait-il de travers ? Il tirait son stylet. En comparaison, Benvenuto Cellini est un agneau. Les policiers, les juges, pour lui, c'étaient comme qui dirait aujourd'hui des *vaches*. Ribera, lui, bien que pas une pièce probante n'enregistre ni rixe ni duel et que, fixé enfin à Naples où il épouse la fille d'un marchand de tableaux, Leonore Cortese, goûté du duc d'Ossuña, vice-roi espagnol de cette ville et par conséquent du reste des amateurs, reçu dans l'Académie romaine de Saint-Luc, et décoré par le pape de l'ordre du Christ, visité par Velasquez; bien que, dis-je, il ait de son mieux fermé la porte à l'infortune, sans doute que sa véhémente personne, jointe au dramatique de ses peintures, portait à lui prêter des aventures, des mésaventures surtout. Sans doute que le relief de l'homme paraissait inconciliable avec une vie tranquille ; ou encore que l'opposition, dans ses tableaux, des lumières et des ombres devait, pour l'opinion, avoir un pendant dans les hauts et les bas du sort. Car la légende à son endroit manœuvre dans la direction du Caravage, comme donnant à entendre que ce n'est point hasard si les deux hommes se sont liés.

La dernière édition du dictionnaire Siret assure que Ribera, d'Espagne en Italie, fut capturé par les corsaires barbaresques. Alors, adieu Caravage, qu'il n'aurait connu que posthume ! A Naples, à en croire les on-dit des pipelets de l'histoire, Ribera, flanqué de peintres-spadassins, terrorisait les camarades venus de

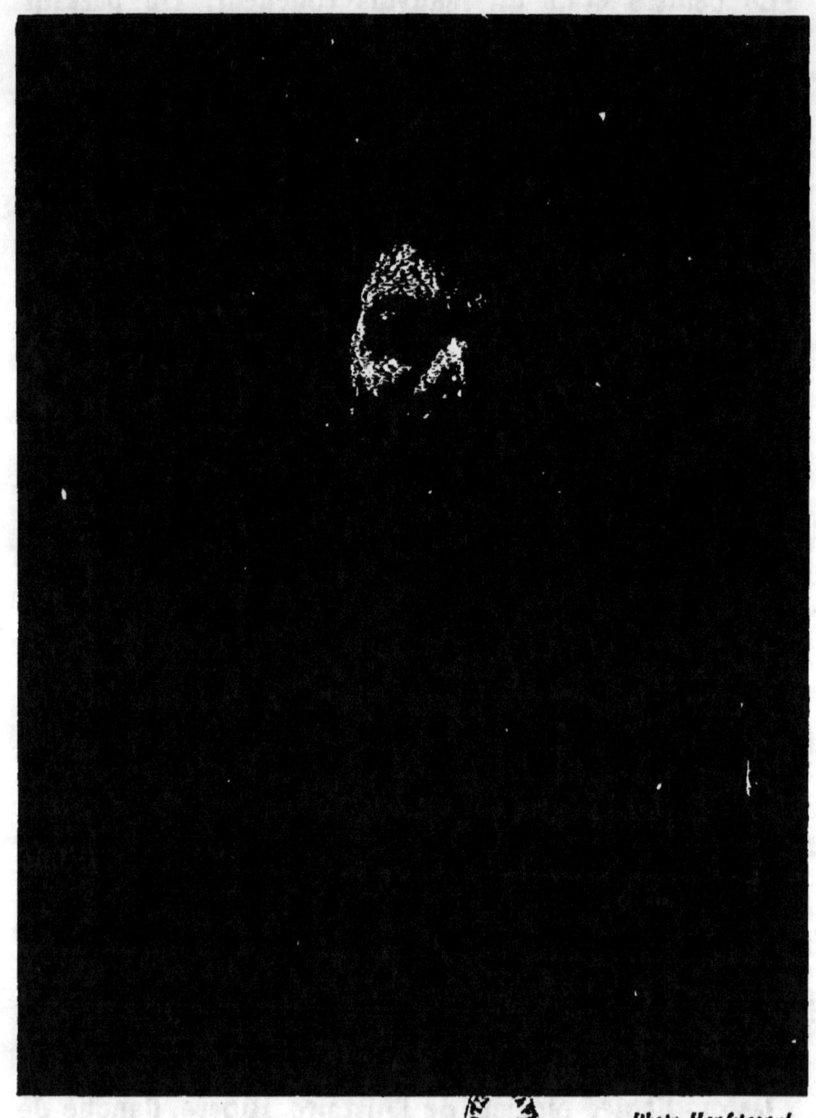

DIOGÈNE

(Dresde)

Rome : Le Guide, Lanfranc, le Dominiquin, pour cou-
vrir de peinture les sacrés murs « Décampez ou je... »
Tant et tant que le Dominiquin en mourut. Il ne sert
de rien qu'à San Gennaro le Dominiquin figure
tandis que Ribera en est presque absent. Assassin,
accapareur ! Il devait expier et voici comme, repren-
nent les pipelets après avoir pris un temps,

Une fille était née à Ribera, Elle avait dix-huit ans
en 1647, quand Masaniello souleva contre les Espagnols le peuple de Naples. Don Juan d'Autriche,
bâtard de Philippe IV, fit de cette dictature la plus
éphémère de l'histoire. Entrez à la Bibliothèque
nationale et dans le cabinet des estampes demandez
le carton R de la réserve. Là, resplendit le portrait
de don Juan d'Autriche par Ribera. Le vainqueur
— à peu de frais — de Masaniello monte un cheval,
plus hardiment cabré encore que celui du monument de Pierre le Grand à Saint-Pétersbourg. De
l'excessif Ribera vous n'attendez pas une monture
sereine comme celle du Marc-Aurèle à Rome, du Col-
leone à Venise, du Gattamelata à Padoue.

Le cavalier n'a rien de l'homme de proie. Ses yeux,
déjà loin de la répression dont on lui a donné la facile
gloire, voguent dans l'immensité du rêve. De son père
Philippe IV il tient ce regard vague « dont la fixité est
partout et le rayon visuel nulle part » et qui étonnait
ses contemporains. Elle ne menace personne, sa bonas-
serie de Bourbon lymphatique, qu'amollit le double
accent circonflexe de ses lèvres. A sa dextre le classique

bâton de commandement qu'il lève avec aisance et noblesse. Dans l'arcature du cheval se dissémine une flotte. Naples, ainsi figurée par les vaisseaux conqué rants qu'enjambe celui que pour la réduire ils ont vers elle porté, l'insolence est pittoresque. Cette estampe est si pompeuse qu'on la dirait dessinée pour un monument sur dominatrice esplanade. Aussi la luminosité en est-elle comme absolue, sans fantasmagorie de noirs obombrants, tel un méridional paysage dont le soleil a pris possession une fois pour toutes. L'estampe est signée : Jusepe de Ribera f. 1648.

C'est ce gratifié d'un chef-d'œuvre qui, au dire de Dominici, l'aurait reconnu en prenant à l'artiste sa fille bien-aimée. A partir de ce coup, celui-ci n'aurait fait que languir. Un beau matin, plus de Ribera ! Parti, errant, roi Lear redemandant sa fille aux flots sans nombre, au ciel dont la sérénité est plus implacable que les flagellatrices nuées à qui le vieux découronné a tout de même le soulagement de riposter : « Et cependant vous n'êtes pas mes filles ! »

Mort ? Où ? Quand ? Les dictionnaires n'en donnent pas moins une date à son trépas : 1656. Il faut bien enseigner ce qu'on ignore, ce qui est plus difficile que d'enseigner ce qu'on sait, dit le neveu de Rameau ; quand un érudit, voici quelques années, compulsant les *obit* de la paroisse Santa-Maria-las-Nieves, à Naples, tombe sur la mention de la mort du peintre : 1662. Six ans, Ribera a volé six ans aux lexicographes. La parabole de l'uterus à la tombe, il l'a allongée,

LE CHRIST MORT

(Londres. National Gallery)

mais en tirant sur ce supplément un rideau de fer.

La légende n'était-elle que le grossissement et la dramatisation d'une de ces tuiles comme il en tombe sur les crânes qui ne sont plus assez étoupés pour en matelasser la chute ? Son « homme fustigé par l'Amour », est-ce la confession d'une flambée après coup dont il ne reste en l'âme que cendres ? Ses anachorètes, plus caducs à mesure qu'il vieillit, s'il strie cruellement leurs chairs, est-ce pour s'interdire les illusions dernières et se familiariser avec la mort ? Le visiteur du Prado que sollicitent de plus flatteuses peintures réfléchit-il que ces solitaires sont bien sourcilleux pour des chrétiens et que leur détachement du monde n'est pas seulement l'amour de Dieu ? La coulée de paysage que de leur grotte on entrevoit, est-ce la grâce des monts d'Italie, ou bien la persistante image de ces sierras aussi arides que fertile à leurs pieds la *Vega* nourricière ? Ces ermites en rupture de vie, est-ce de la picturale besogne ? Ou bien, y met-il de soi-même, de ce soi-même si escarpé ?

Ribera fut-il percé par sa fille de plus de flèches que son Saint-Sébastien ? Si c'est une légende, elles tombent d'aplomb sur lui ces lignes de Théophile Gautier : « La Madeleine du Corrège ne ressemble pas à ces spectres hagards, décharnés, livides, n'ayant plus rien de la femme, que les peintres espagnols farouchement catholiques logent dans les trous de la pierre et la caverne de la maigreur, pour nous servir d'une expression de la Bible. » Si c'est vrai, ses œuvres de 1649 à 1662 sont d'un désespéré et son avant-goût de l'anéantissement ne lui est pas plus reprochable que l'hypocondrie à Jean-Jacques Rousseau.

Elle est du jésuite Nithard, l'histoire de l'enlèvement de la fille de Ribera. Nithard, ce nom ne vous dit rien. Il était en son temps aussi fameux que celui de Lloyd George aujourd'hui. Lorsque, en 1649, Marie-Anne-Thérèse vint d'Autriche remplacer dans le lit de Philippe IV la première femme de celui-ci, elle emmenait dans ses bagages le père Nithard. C'était son confesseur, son « favori », comme disent les professeurs d'histoire, qui ont de la pudeur. Veuve en 1665 et tutrice de son fils Charles II, sous son nom c'est Nithard qui gouverne. Mais, entre lui et Don Juan d'Autriche, duel au couteau. Celui-ci l'emporte. Nithard vide l'Espagne, non sans prendre le temps de rédiger de justificatifs mémoires où, noircissant son adversaire, il l'accuse d'avoir volé à Ribera sa fille.

Pour preuve, il donne copie d'une lettre où don Juan d'Autriche le remerciait d'avoir fait accepter par le couvent des *Descalzas reales* de Madrid, l'enfant qu'il avait eu de la fille de Ribera. Outre que le ressentiment donne à suspecter l'accusateur, don Juan d'Autriche, né en 1629, n'a que dix-neuf ans lorsque Ribera grave son portrait. Ce n'est pas l'âge d'un Lovelace. Les mémoires du jésuite, il n'a pu les démentir, étant mort avant qu'ils fussent publiés. Croire Nithard sur écrit, ou ne pas le croire, on a le choix.

Que Ribera n'ait pas dans une église de Naples sa

sépulture c'est ce qui épaissit les ténèbres de sa fin.

A Rome, je ne sais plus dans quelle église, las de mon torticolis aux caissons de la voûte, je m'incline ; « Andrea del Sarto », est-il gravé sur le carré de pavement que je foule. Les restes d'un grand peintre sont là, sous mes pieds. Est-ce par humilité chrétienne qu'il a voulu être piétiné par le commun des fidèles ? Ou bien les puissants avec qui l'Église est tenue de compter, les donateurs fastueux, les dominateurs par l'épée, ses propres dignitaires aussi, tenant toute la place, la disputant aux vivants par leurs effigies de toutes grandeurs depuis les gisants jusqu'aux bustes sur console, n'est-il pas resté un pouce de décoration disponible pour qui n'avait à opposer à toutes ces importances que son génie ?

Tout de même, préservé des intempéries, son nom reste lisible, tandis que celui de Ribera, peut-être était-il inscrit sur un de ces marbres funéraires en abandon dans le campo santo voisin, et dont l'épitaphe est à jamais effacée. On ne sait où il fut enseveli. Et pour que soit total le mystère sur l'homme, on ignore ses traits. On n'a pas une face de lui. J'ai idée que vieux, il a dû se démontrer sous la désignation d'un saint Jérôme ou d'un saint Paul. Mais ce n'est que conjecture. Son portrait, aux Offices de Florence, son portrait, est-ce lui ? La preuve ? L'origine de cette peinture ? Quelle attestation ? Il suffit aux femmes d'avoir un visage, les hommes ne peuvent se passer d'une tête. Ce petit brun aux longs cheveux ondés, charnu de lèvres et de nez, les yeux assurés, mais sans profondeur, ne hante personne, personne.

Autre titre de Ribera à l'honneur de se coucher parmi les rufflans heureux et les triomphantes Messalines qui, de leurs mausolées, encombrent les napolitaines chapelles. Il était bien avec les jésuites : leur protection lui valut la commande, par les Chartreux de San Martino, d'une Déposition de Croix qu'on y voit encore. On sait que les Borgia sont comme lui de Jativa : Alphonso Borgia, pape sous le nom de Calixte III, né en 1377; puis Rodrigo Langol qui préféra porter le nom de sa mère Isabelle Borgia, pape sous le nom d'Alexandre VI, en 1431. Un troisième Borgia mourut général des Jésuites à Rome en 1572, seize ans avant la naissance de Ribera. Les Espagnols dominaient dans cette compagnie, Espagnol en étant le fondateur. Le goût dit jésuite n'avait pas encore extirpé de la religion tout épouvantement. Il acceptait que le tourment arrachât à Jésus une déformante grimace. Il acceptait tenaillements, écorchements, garrottements, brûlements, lardements de flèches, décrépitudes qui se récitent la malédiction de Job : « Ma force s'est desséchée comme l'argile. Je compte tous mes os ».

Quoi, vous récriez-vous, peindre, être né pour lutter avec l'éclat de la création et toutefois s'acharner à la pourriture, quelle déraison ! — Je vous entends : mais permettez :

Un vendredi saint, je me trouvais à Saragosse. Au palais qui me fait face, le balcon est chargé de femmes

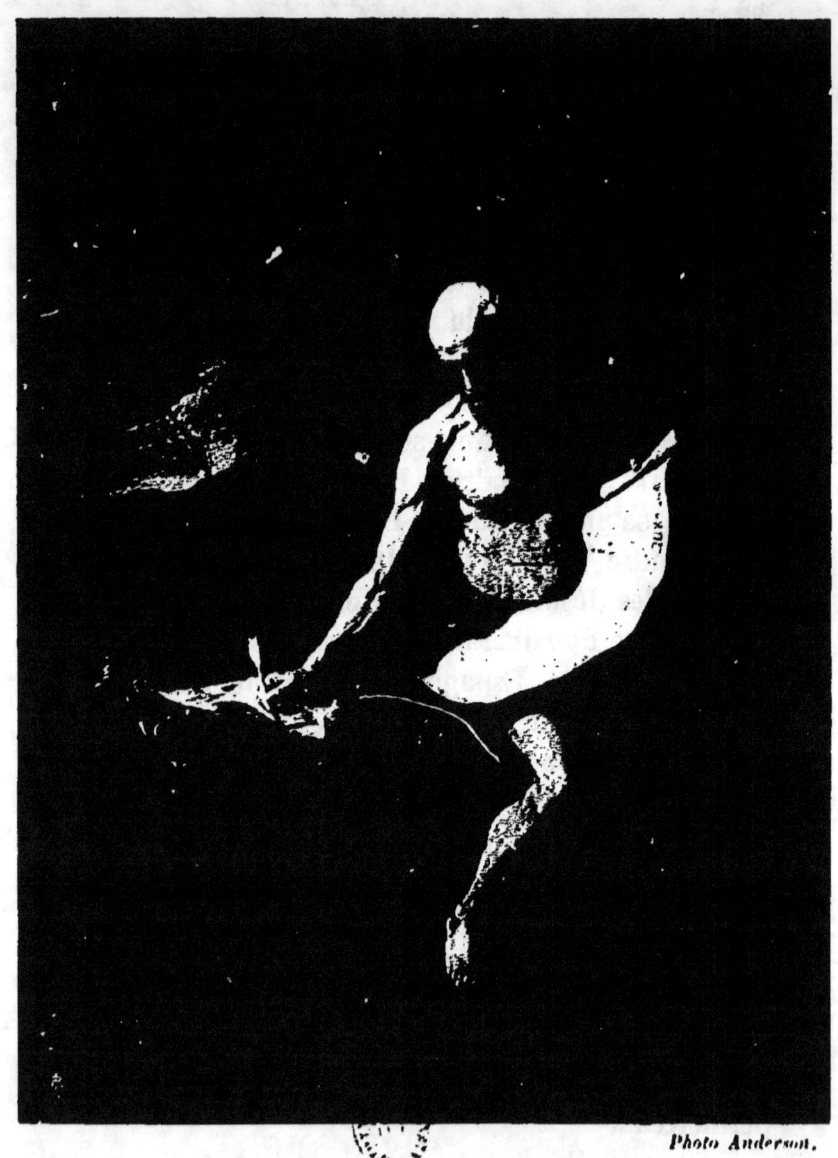

en grappe. La robe princesse étant alors à la mode, ce ne sont, sous les ramages du balustre en fer, que lignes sinueuses et hanches au miel. Bien que la mantille noire soit ce jour-là de rigueur et les claires nuances proscrites, si printanier est cet après-midi, si flagrantes les accordailles entre la phosphorescence des regards et les promesses d'enivrement éparses dans l'air énamouré ; ces hirondelles serrées sur ce fil télégraphique ont en puissance tant d'élancement, celles qui n'ont point porté fruit encore attendent si animalement leur tour, que ce balcon me paraît la *Venus genitrix* multipliée... Brouhaha, c'est la procession qui s'annonce. Comme un livre, elle a sa préface : Un squelette grandeur d'homme au bas duquel est clouée une pancarte avec ces mots :

« C'est ainsi que tu seras un jour. »

Témoignage plus probant de la bienveillance des Jésuites : au XVIIe siècle, en France, dans leurs collèges ils appuyaient leurs leçons de dessin d'une série de planches réunies en volume et représentant, d'après Ribera, telle partie du corps au repos ou en mouvement : par exemple la contraction des muscles zygomatiques qui déterminent le rire, puis — embryon de physiognomonie — les traits de la face par où se marque la férocité, la douceur, etc. L'ouvrage s'intitule : « Livre de portraiture recueilli des œuvres de Joseph de Ribera, dit l'Espagnolet, et gravé à l'eau-forte par Louis Ferdinand. » Imprimé à Paris, chez Nicolas Langlois, rue Saint-Jacques, à la Victoire.

II

HARDI d'abandonner parents et amis, Ribera ne le fut pas moins d'aller à Parme étudier le Corrège. Pour se décrasser de son origine, c'était choisir les dons les plus opposés aux siens. Cet Espagnol rude qui, à l'âge de la présomption, se connaît assez jusqu'à tenter d'adoucir par l'antipode de soi-même sa rugosité native, le trait est beau.

Ribera sent la terre. Réaliste, il ne transpose pas son modèle. Fougueux, ses figures s'emportent jusque dans l'adoration. Son imagination n'est pas voluptueuse. Ses Madeleine ont-elles jamais péché ? L'idée n'en vient pas, à considérer leur tournure mi-paysanne, mi-bourgeoise, leur visage où n'a pas niché le baiser. Leur repentir déplaît parce qu'il se gendarme. On aime le regret de la faute dans le remords qui la suit. Ribera, c'est le remords qui le hante, le remords pour le remords. Le remords est dans ses cordes.

Il a peint d'harmonieux éphèbes. Nous connaissons de lui une seule femme nue et encore manquée. Au rebours, nul n'a plus flatté la chair que Le Corrège. Qu'Antiope attende l'amour, que sa Madeleine y renonce — ou fasse mine d'y renoncer, — il est né sur sa palette, ce caressant clair-obscur qui, insensiblement dégradé par sa main, tourna plus tard en effets de contraste. A regarder et vraisemblablement à copier le maître de Parme, qu'a gagné Ribera? A corser ses pathétiques scènes, à se dramatiser plus à fond. Dans son Christ mort du musée du Louvre, que les ombres sont opaques ! Léchures de la nuit sur un corps livide. Tant il est vrai qu'un même moyen d'expression enchante ou émeut selon le génie qui s'en sert.

Combien de temps Ribera s'appliqua-t-il ce régime d'antidote ? Il dut séjourner à Parme, puisque Vasari en fait mention. L'admire-t-il pour son self-rebrousse-poil héroïque ? Non. C'est un parti pris d'imitation qu'il lui prête encore, par parti pris de dénigrement.

Cependant, de quoi subsistait Ribera ? Gagner son pain, apprendre son métier, se réserver pour la gloire, triple nœud dont quelques génies heureux ont dénoué la simultanéité. Leur précocité semble devancer l'effort. Ils surgissent, plaisent par quelque endroit et, si modiquement qu'on les paie, c'est assez tout de même pour acheter de la vache enragée. Tel fut Murillo. L'avantage de la jeunesse, c'est qu'elle n'effraie point, dit Balzac. Mais Ribera, peintre jeune, nous ne le connaissons point. Aucune de ses authentiques toiles

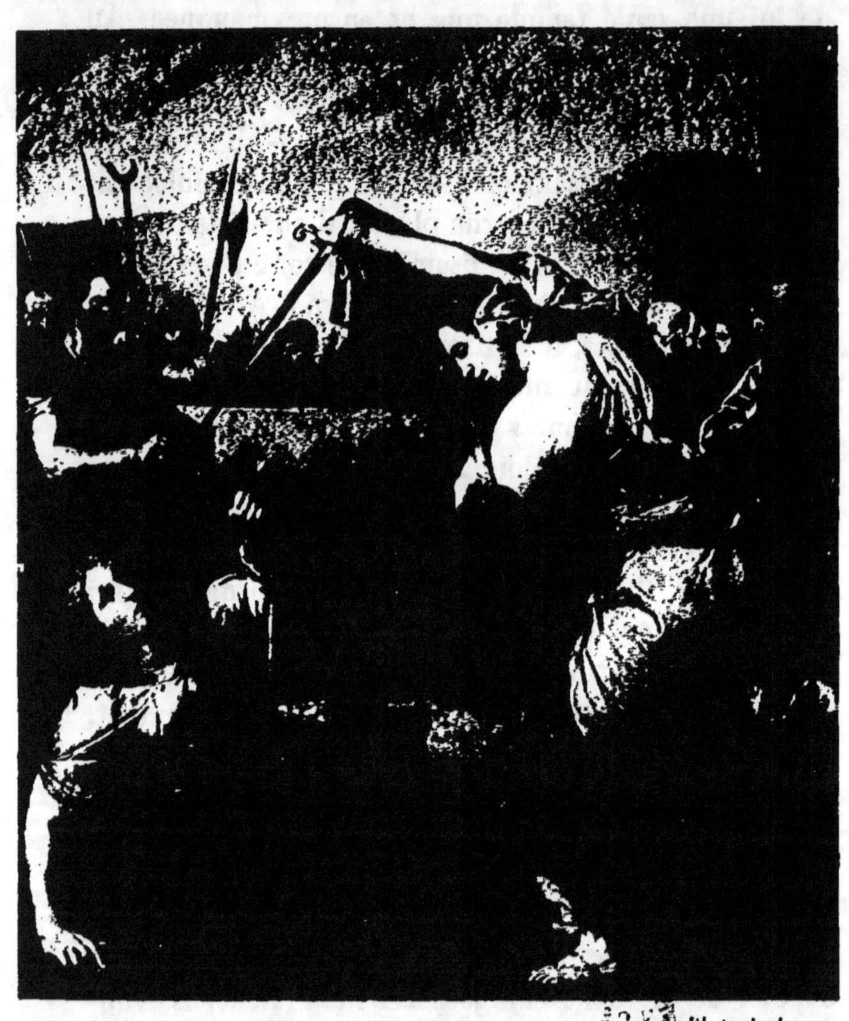

COMBAT DE FEMMES

(Madrid. Prado)

ne trahit, avec l'à peu près de la jeunesse, ce bonheur insolent, comme involontaire, d'un talent qui brûle l'étape. Nous ne le voyons pas faire fausse route, comme Velasquez, avec ses tableaux de piété. Solidité espagnole, le mot de Vasari vous revient. Ribera a dû se développer lentement. Acquis sur acquis. Le génie, longue patience. Devant le nonchaloir et les sinuosités du Corrège, qu'il a dû s'évertuer à arrondir ses roideurs et brusqueries !

De quoi subsistait Ribera ? Un autre à sa place se serait embrigadé dans l'équipe d'un maître à commandes trop pressantes pour lui seul ; il y aurait participé. Il se serait laissé envelopper, momentanément du moins, dans une renommée... Faute d'un rayon sur son obscurité, il aurait eu la nécessaire pitance. Mais pour subir cette subordination, Ribera était individualiste. Les Espagnols le sont peu ou prou. Il l'était farouchement. Vie et œuvre où l'on touche le granit d'une volonté. Se maintenir Espagnol, étant avec continuité italien de séjour, se garder de la napolitaine mollesse, être à l'étranger tel qu'un bronze que patinerait une atmosphère autre que celle qui l'investit, on ne saurait être moins influençable.

De quoi subsistait Ribera ? L'histoire de l'Espagne et deux coïncidantes dates allument l'étincelle d'une conjecture... 1609, mort du Caravage : 1609, trois cent mille Morisques — c'est le moins qu'on dise — expulsés du « royaume » de Valence. Obsédés par notre histoire, la Révocation de l'édit de Nantes, l'exode qui s'ensuit

nous semblent le summum de l'expatriation en masse.
Si l'on compte par tête, celle des Morisques n'est pas
moins dépeuplante. Elle l'est beaucoup plus si l'on
considère qu'ils étaient de partout en France, nos expa-
triés, tandis que ceux d'Espagne ne l'étaient que d'une
province. Les franchises accordées par Henri IV gênaient
le despotisme de Louis XIV. Mais les Morisques ne
constituaient pas d'assemblées équivalant aux synodes.
Ils se bornaient dans leur privé à des pratiques musul-
manes démentant, il est vrai, celles qu'ils simulaient
en public. Les protestants, qui font montre de se convertir, on éprouve leur conversion, mais on n'en prend
pas garantie sur leurs propriétés. On tenait surtout à
catéchiser leurs enfants. C'est un trait de l'esprit fran-
çais de vouloir uniformiser l'éducation. Durant le temps
laissé au protestant pour se convertir ou non, il avait
celui de vendre son bien. Les Morisques, on leur donne
trois jours. C'était les dépouiller avant de les chasser.
C'était les débarquer sans un douro sur l'africain rivage.

Au dire de ces nigauds d'historiens, effet de la passion religieuse ou nationale, cette proscription sur
grande échelle. La plupart des hommes ne prenant
feu que sur leur intérêt, pensez si le premier qui émit
l'idée de faire vider le plancher aux Morisques enflamma
ses compatriotes. Ce premier s'appelait Ribera, était
évêque de Valence et peut-être son homonyme avait-il
eu affaire à lui alors que travaillant sous Ribalta il
répandait le *Sanguinem martyrum* sur un rétable du
diocèse. Sept années durant il cria son *Delenda Car-*

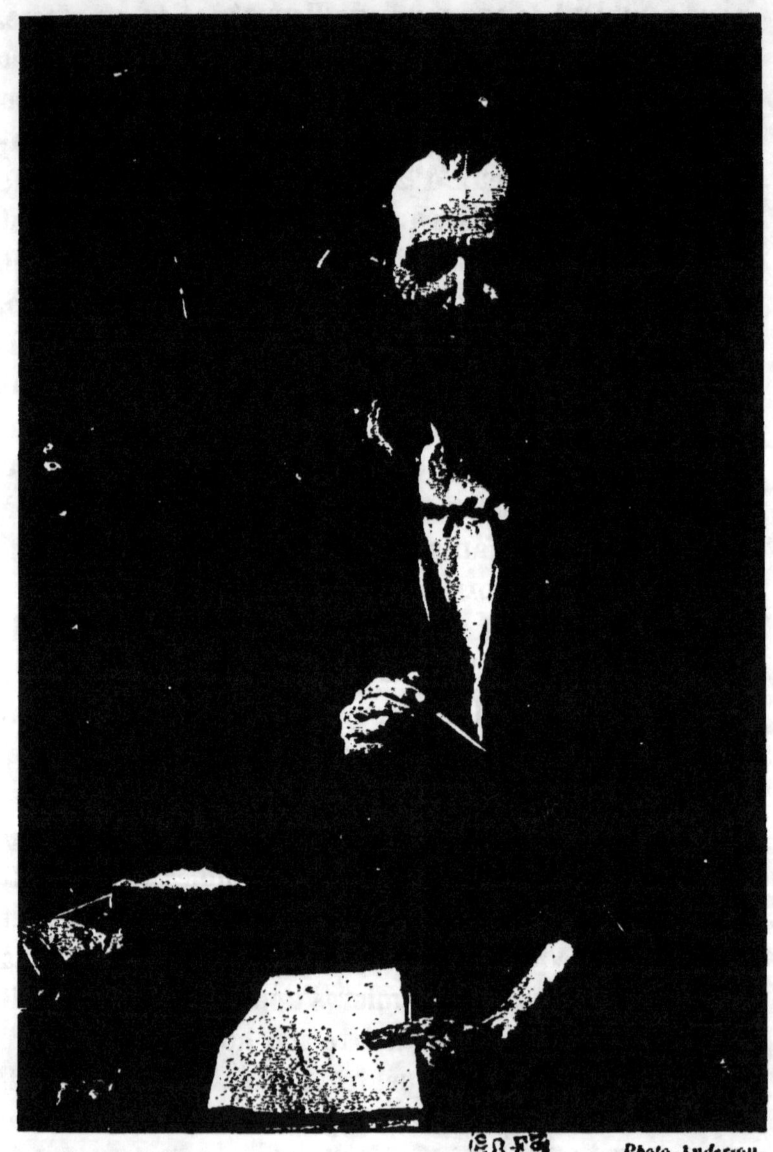

ARCHIMÈDE

(Madrid. Prado)

thago. Sept, chiffre du mal. La rapine put enfin serrer les
doigts sur le bien convoité. Les chrétiens qui, vivant
côte à côte avec les Morisques, ne les en détestaient que
davantage, tombèrent à genoux et rendirent grâces au
Tout-Puissant de leurs terres arrondies.

De ces bénéficiaires, Ribera père était-il? Probable.
Ribera fils le fut-il par ricochet? Il est croyable.
Dès 1609, le peintre mendigot ne mendigote plus. Il
séjourne à Parme, il séjourne à Rome. Sa sébile, il
l'a jetée dans un fourré. Pourquoi est-il à Naples?
Peut-être parce que les Espagnols y étant les maîtres,
l'argent d'Espagne y passe en sûreté. On conte qu'un
marchand de tableaux, béant d'admiration devant un
de ces *Sanguines martyrum*, aurait engouffré notre
artiste dans ses bras en lui criant : Je te donne ma fille!
L'image d'Épinal date de loin. Combien faites-vous
de barriques? demandait un vigneron du Midi à un
gendre éventuel. Non seulement notre marchand a dû
supputer le rendement de la peinture de Ribera, mais
encore sa vanité trouvait-elle son compte à s'allier à
plus reluisant que lui. Ribera faisait figure. Peut-être
était-il parent de l'évêque expulseur dont la renommée
sinistre devait ourler les rivages méditerranéens.

On peut envisager notre peintre comme un propa-
gandiste de la foi. Voilà qui est nouveau en Italie où
une des singularités de la Renaissance est d'avoir produit tant d'artistes d'imagination païenne, même quand
la légende chrétienne leur impose ses sujets. Dans le
conte d'Apulée, Raphael est plus à l'aise que dans

l'Ancien Testament. La Bible de Jules Romain, ce sont les Métamorphoses d'Ovide. Les anciens avaient une mythologie. On en a deux. Certains anges annonciateurs ont la grâce équivoque de l'Apollon du musée des Thermes. Pourquoi tant de saints Sébastien ? Parce que c'est le seul personnage mâle — avec Adam — dont on puisse, dans une église, représenter la nudité. Saint Sébastien, c'est une étiquette. L'éphèbe de l'antiquité, le revoici. Les flèches dont on le larde ne lui arrachent pas un cri. Sculptural comme un jeune dieu, il est insensible et serein.

Amour sacré, amour profane, ces deux femmes, l'une sensuelle, l'autre chaste, entre lesquelles le Titien vous donne à opter, tel peintre de la Renaissance les concilie, peignant sa maîtresse tantôt en sainte, tantôt en Vénus. Ici telle qu'elle se lève d'entre ses bras, là telle que tous la voient, les yeux baissés, sortant de la messe, un livre d'heures à la main. S'il est une contrée où la Passion en peinture est un acte de foi, ce n'est pas l'Italie dès la fin du XVᵉ siècle. Ce qu'on retient de la descente de croix de Véronèse, c'est une éclatante robe jaune sous des nuées à la Delacroix. Hors le divin, tout est fumée, devise de Mantegna. Par divin, entendez l'idéal. Ce qui compte, c'est d'avoir recherché la beauté, dit dans ses *Carmina sacra* le poète Louis le Cardonnel. Dans cette sorte de concours où semblent avoir voulu rivaliser tant d'interprétateurs d'une même scène de la Bible, la forme est tout, le for intérieur plus rien.

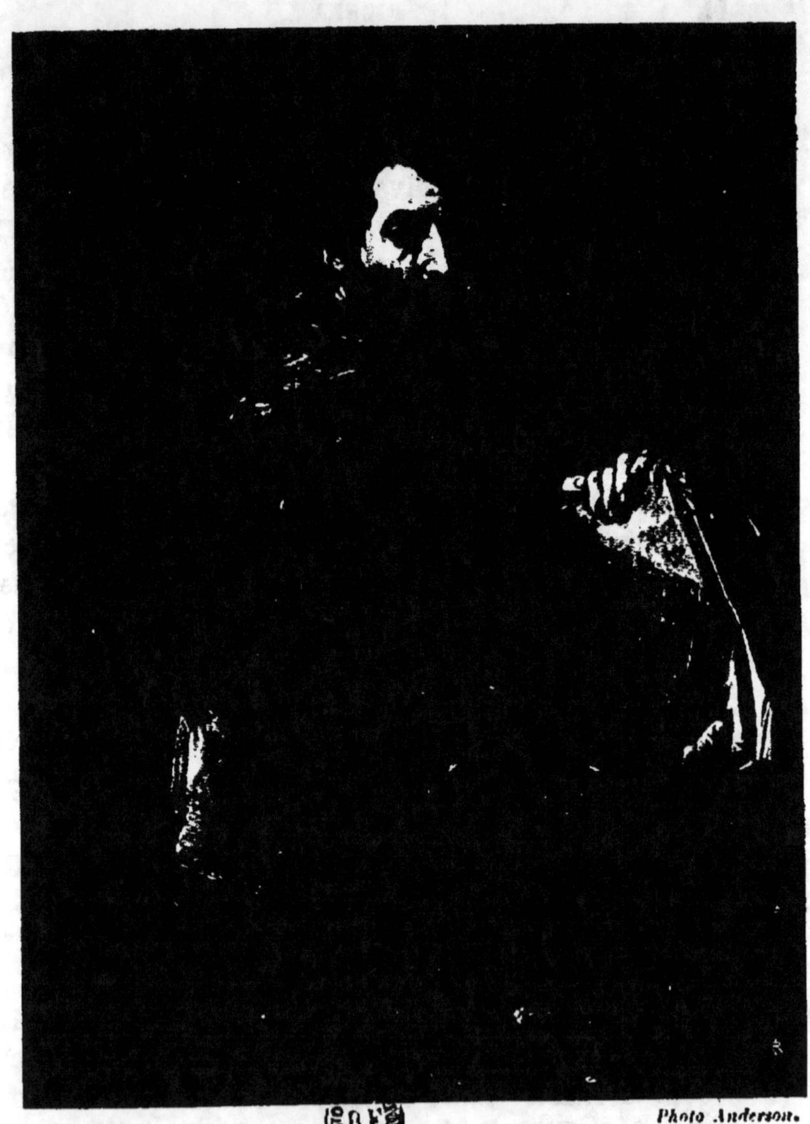

UN PHILOSOPHE

(Madrid. Prado)

Ribera n'est pas si désintéressé. Voudrait-il oublier que son pays s'est bandé contre l'hérésie, et que, hier encore, Jativa l'a vomie, Jativa où ses parents ne soupçonneront plus l'infidèle dans l'agenouillement d'un Morisque au pied de l'autel, son pinceau ne peut l'oublier. Sans qu'il en ait le sentiment peut-être, son pinceau est un instrument de bataille. Il produit des supplices. Mais c'est qu'au pays natal Maures tourmentant chrétiens sont un propos de la veillée... Sa mémoire en a été fertilisée et en voici les fruits. Si loin dans le temps que l'histoire où la légende situe les épisodes du martyrologe où il se complaît, les personnages sont tels que, enfant, il les a vus.

Son Saint-Barthélemy, patient du *tratos de cuerda*, son Saint-Barthélemy ne m'est pas inconnu. Un dimanche de printemps, à Valence, sur les huit heures, je le vois longeant la cathédrale. Il arrive de la *huerta* et va aux emplettes. Il a marché plusieurs lieues. Mais son pas n'en est pas moins élastique, et ses espadrilles, on dirait qu'elles sont au sol ce qu'une balle de pelotaire est au mur qui la renvoie. Propre comme un sou, linge blanc, rasé de frais, à la main un mouchoir écarlate, dont il tient en bourse les pointes, depuis Ribera il n'a pas changé. Teint basané, visage osseux, plutôt rond qu'allongé, pommettes dures à l'épreuve du poing, front aussi dépourvu de prospects sur le dehors que le regard n'éclaire le dedans, c'est le paysan moreno, rudimentaire type aussi engendré du terroir que ces caroubiers aux fruits en pendeloque, immobiles comme leur feuillage, dans le silence béat de cette contrée sans vent.

Réalisme espagnol. Un peintre d'ailleurs se serait attaché à spiritualiser son Saint-Barthélemy, à le pathétiser par le combat de deux expressions opposées : ciel entrevu nonobstant la douleur. Mais à Ribera s'applique ce que Théophile Gautier dit de Velasquez : « S'il n'a jamais peint des anges, c'est qu'ils n'ont pas posé devant lui. » Notre peintre rencontre dans les rues de Naples, parmi les soldats qui y garnisonnent, un gars de Jativa. Voilà, se dit-il, un gaillard à endurer des tourments. Ce n'est pas une poule mouillée qu'il me faut.

Dans l'œuvre de Ribera on ne trouverait pas une poule mouillée. Pinceau viril, il va aux mâles visages, aux corps résistants. Condottieri, reîtres, lansquenets, porte-lance, porte-mousquet, porte-glaive, toutes les chairs à canon de quelque nom qu'on les nomme, sans lesquelles au xviᵉ et dans la première moitié du xviiᵉ siècle, l'histoire ne serait pas, mercenaires que de toutes parts, au temps de la plénitude de Ribera, on voit sur les grands chemins de l'Europe se hâter vers Wallenstein l'universel embaucheur, désemboités du corps social qui, rétifs à la discipline d'une fonction, s'offrent, ô paradoxe, à la discipline plus dure d'un *terzo*, aventuriers rêvant de femmes qu'ils violent et de rançons qu'ils arrachent, imaginations diaboliques se repaissant de meurtres et d'incendies, ambitions qui ardent d'inscrire leur nom aussi haut que les

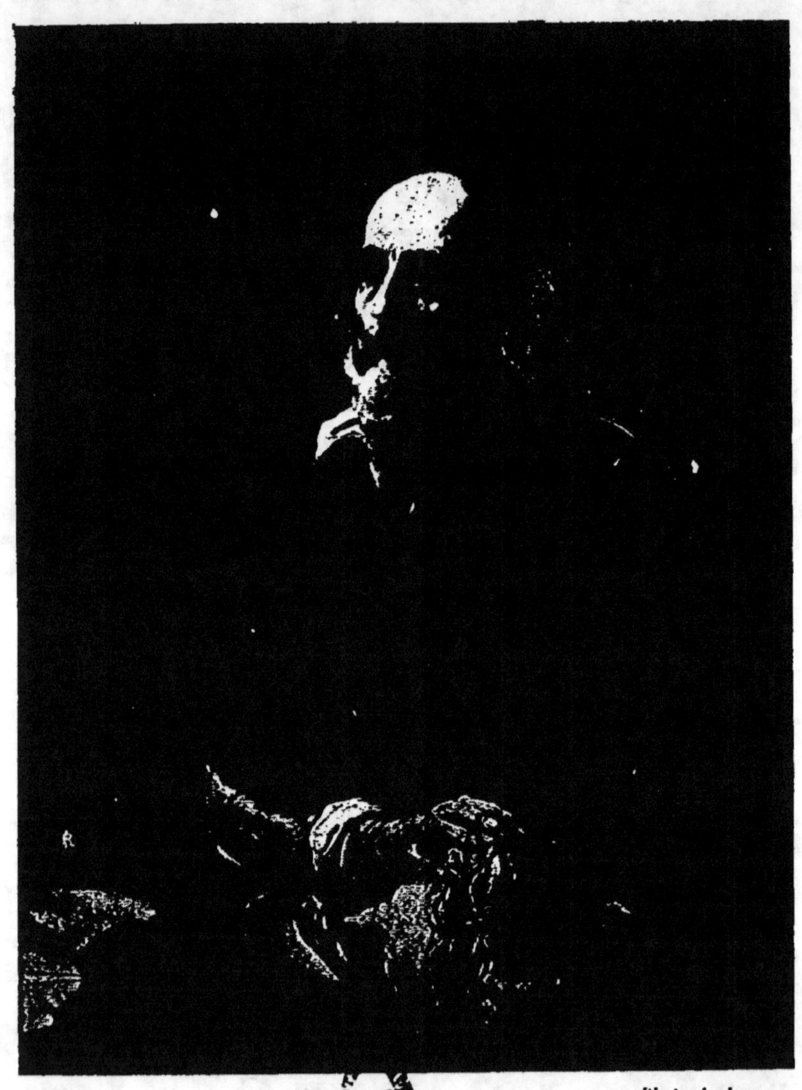

L'AVEUGLE DE GAMBAZO

(Madrid. Prado)

Montluc et les Strozzi ; brutes à donner des coups et
à en recevoir — ces démons ont eu leurs peintres :
De Terburg voici le reître avec ses longs cheveux,
sa cuirasse et ses larges bottes à chaudron ; de
Duch, ces mousquetaires de. la guerre de Trente
ans, dont l'impassibilité aux larmes d'une paysanne
qui, à genoux, les implore, glace le cœur plus que
n'épouvante une soldatesque déchaînée. Le lansque-
net, paré, godronné de Franz Hals pourrait illustrer
le don Annibal de l'*Aventurière* Matamore à filer doux
devant une botte insoupçonnée.

Montluc devait en avoir de ce calibre lorsque, investi
dans Sienne, il se défit de ses Germains pour ce qu'ils ne
rendaient pas en valeur autant qu'ils coûtaient en
vivres. Le soldat qui marche en dépit du gosier sec et
du ventre creux, parce qu'il n'a pas l'âme dans ses
tripes, le latin qui sous l'aigle romaine faisait la police
sur la Tamise aussi bien que sur le Nil, et sous l'aigle
impériale écartera son compas de Cadix à Moscou, c'est
lui que Ribera a magistralement figuré. Il est dans « le
Martyre de saint André » au musée de Budapest ; il est
dans l'écorchement de saint Barthélemy, il est surtout
dans « le Combat de femmes ». Il regarde faire avec assez
de curiosité pour se justifier d'être là, avec assez d'indifférence pour que pas un muscle de la face ne bouge et
que l'assiette de sa stature soit à l'ordinaire. Il en a
tant vu qu'aucune scène, si sanguinaire fût-elle, ne
saurait émouvoir sa placidité qui est comme un ressort
détendu après le coup de collier d'hier.

Chez les peintres de la Renaissance italienne, chez Raphaël dans sa fresque du Vatican, où des soldats romains casqués dorment au seuil de la prison d'où saint Pierre miraculeusement s'évade, auparavant chez Mantegna, en cette toile fameuse où des légionnaires, au pied de Jésus en croix, jouent aux dés sa tunique, l'homme d'armes qui a mission de reculer les confins de l'Empire, il est toujours le même. Il reproduit en brutal le type de la rigidité et de l'implacabilité romaine. Jamais être humain ne fut plus fabriqué en série. Au rebours, rappelons-nous ce que Stendhal, dans ses *Promenades dans Rome*, dit du Caravage : « Ce peintre assassin — assassin ! — s'interdisait de rien changer au modèle. » Ce scrupule, il l'a passé à Ribera. Ces images que vous feuilleterez après m'avoir lu, ce ne sont pas des académies, mais des portraits.

D'où vient cependant que ses condottieri ont un air de famille, mêmement barbus, mêmement chevelus, la tignasse emmêlée, le port nullement fanfaron de qui sait sa vigueur et s'y confie, la physionomie insouciante de qui se repose sur les autres du soin de le mener, la peau du visage tendue sur les os, — d'où notre expression dur à cuire — les yeux d'un Mars à tant par jour qui, entre deux assauts, ne cherche pas gratis une querelle superflue ?

C'est qu'ils sont tous Italiens. L'infanterie espagnole du xvie siècle et du xviie siècle, ce corps d'élite dont on nous a tant rebattu les oreilles, était une sorte de garde impériale. Peu nombreuse eu égard aux sol-

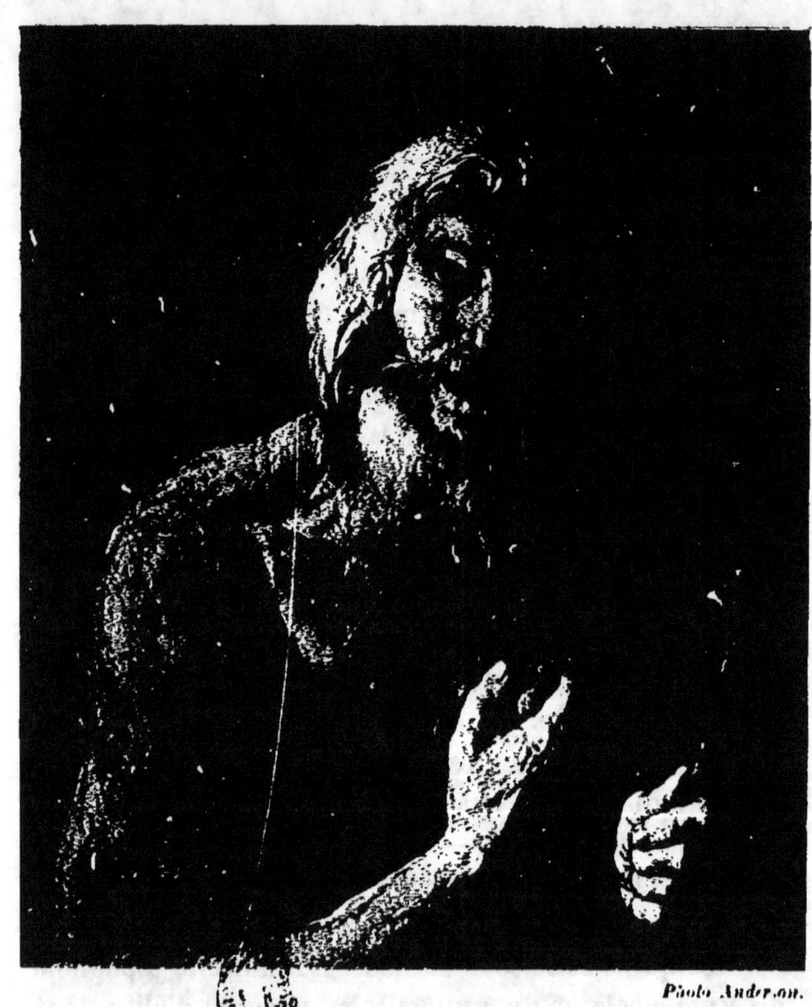

SAINT THOMAS

(Madrid Prado)

dats envoyés dans les trois mondes, rarement employée, seulement aux points et jours décisifs, elle servait d'épouvantail, de chantage. Brantôme, énumérant les bandes — ce mot n'avait pas encore mal tourné, Ronsard l'applique aux Muses — que le duc d'Albe mène en Pays-Bas, ne cite que des *Terzos* de Sardaigne, de Naples, de Sicile. Alors, comme aujourd'hui, l'Italie, peu belliqueuse en gros, secrétait un petit d'aventuriers — encore un mot devenu péjoratif — que l'Espagne prenait à sa solde. Les voici tels que Ribera les a vus.

A quoi a-t-il tenu qu'il n'ait pas été étiqueté : peintre des condottieri ? A ce qu'ils ne sont dans ses tableaux que personnages accessoires. Témoin ce vieux soldat qui, dans *Combattimento di donne*, loin de poser pour la galerie, s'oublie, tout à la curiosité d'un duel féminin, duel à mort où l'on voit que l'une des combattantes faiblit et que l'autre, à en juger par sa férocité, va lui faire son affaire. Elle ne tient pas son épée ainsi que Coquelin aîné la sienne dans *Cyrano de Bergerac*, tantôt comme un cierge, tantôt comme une lardoire, mais en friande de la lame. Ce sont les Napolitains qui ont codifié, sinon inventé l'escrime.

C'est Naples, le prytanée des Sbrigani, enseignant à expédier son ennemi avec le moins de risques possible. De Naples sont issus des maîtres d'armes fameux. Peu avant la guerre, l'escrimeur Conte ouvrait à Paris une salle d'armes, se faisant gloire d'être Napolitain. Que des femmes s'y escrimassent, c'est pour surprendre ceux qui tiennent le « féminisme » comme une conquête d'hier, qui ignorent que l'Université de Padoue compta parmi ses professeurs une femme aussi savante pour son temps que Mme Curie pour le nôtre. Ce duel n'est pas une imagination. Le réalisme de Ribera en est garant. Il y assista. Il en goûta la sauvagerie. Peut-être le flegmatique condottiere qui en suit les hauts et les bas était-il leur professeur à toutes deux et son indifférence au meurtre imminent tient-elle à ce qu'il juge d'un contre de quarte, comme le peintre, d'une expression cruelle et d'un dramatique mouvement.

L'APÔTRE SAINT PAUL

(Madrid Prado)

III

L'Italie ne l'adoucit point.

Es deux viragos seraient au calme, leur physionomie n'en trahirait pas moins la violence qui, sous le coup d'une injure telle que l'amant volé par une rivale, va au meurtre, droit comme une flèche à la cible.

Elles sont rudimentaires, les femmes, dans Ribera.

Ni grâce, ni séduction, ni raffinement, ni vice. Aussi au Louvre, dans la galerie du bord de l'eau, la luminosité vibrante de ce peintre puissamment méditerranéen n'aimante-t-elle guère les visiteurs. On dirait que Ribera s'est posé le dilemme de Proudhon : ou ménagère ou courtisane et qu'il a opté pour la première. Ce n'est pas qu'il ne se soit essayé à rendre l'autre. A Rome, le palais Corsini montre un « Vénus et Adonis », magnifique modèle d'atelier s'apprêtant à jouir des appâts d'une bourgeoise. La Vierge avec son bambino, au musée du Louvre, serait plus justement dénommée :

Paysanne de Jativa allaitant son enfant. La sainte Agnès, au musée de Dresde, est une villageoise au front vacant : une Bernadette en extase, presque une *encantada*. Dans le Christ mort qui est à la National Gallery, autour de ce cadavre, sur lequel des ombres savantes éteignent la vie de même que les avancées du crépuscule encrêpent le jour, les saintes femmes sont classiquement groupées. Pour être taraudées de la peau à l'âme, elles font ce qu'elles peuvent. Mais l'incapacité d'émotion est manifeste. On admire. On n'est pas touché. Doué de dramatique, Ribera n'est pas un maître des pleurs. Picturalement c'est un homme dur. Le fond de l'abîme de la douleur, les coups de poignard dont on demande au ciel d'expirer, les yeux que par pitié de soi on détourne et qui toutefois veulent se repaître encore; les cris, les sanglots, dans ce visage qu'elles ont creusé les larmes de toutes les mères, le corps qui s'effondre, qui s'effondrerait s'il n'était soutenu, ce pathétique de la Passion, Ribera l'a-t-il manqué ? Ou bien tenant à faiblesse l'apitoiement, s'y est-il refusé ?

Donnons une chiquenaude aux didactes de la critique. On sait qu'ils ont la manie de l'étiquette collective, qui, collée sur un nombre d'artistes, prétend les englober dans ce qu'ils appellent une école. Ils rangent ainsi leurs jugements comme un employé ses dossiers. Mais l'artiste, étant le plus individualiste des hommes, se dérobe à la classification. Aussi quand on l'examine autrement qu'en bureaucrate soigneux de

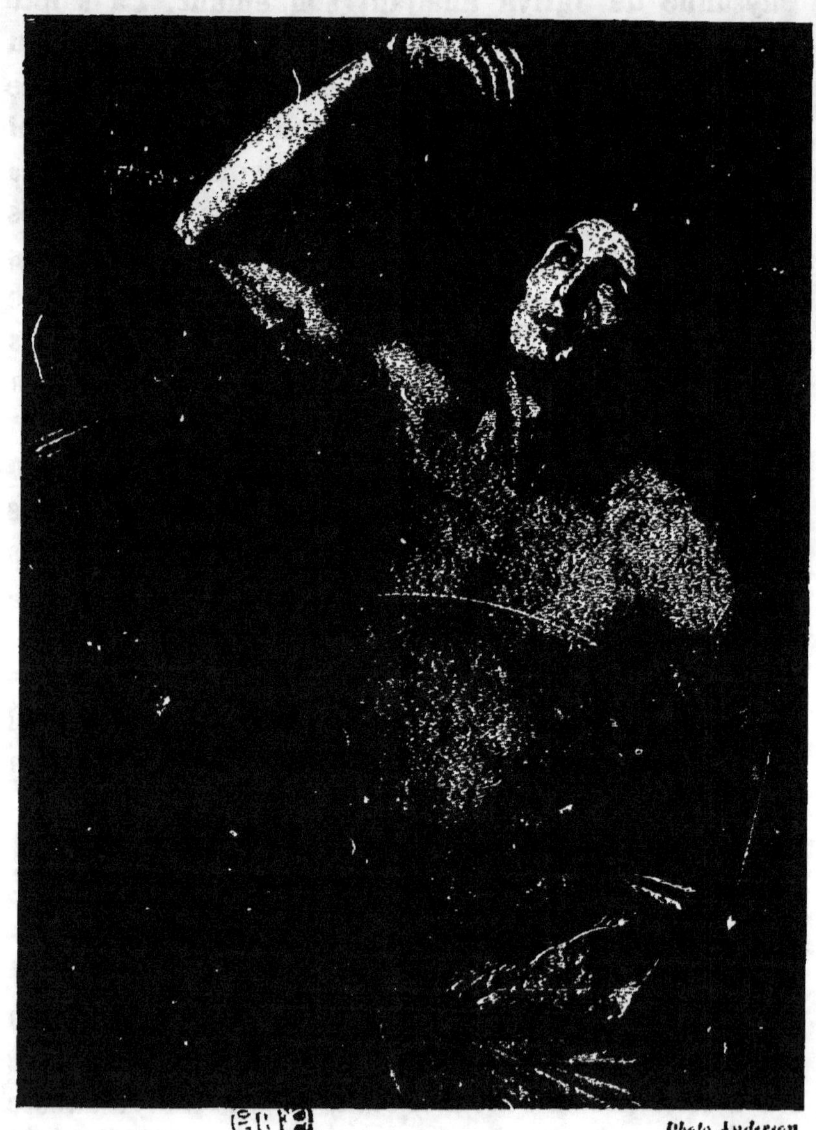

SAINT SÉBASTIEN

(Madrid   Prado)

catégories, se trouve-t-il que cette camisole de force ne le force pas. Dans son *Voyage en Italie*, le systématique M. Taine visite la Chartreuse de Saint-Martin, voit la Déposition de croix, de Ribera, écrit : « Chef-d'œuvre de douleur espagnole » et satisfait de sa formule, passe à une autre. Ci : deux volumes compacts qui se réduiraient s'il en était retranché les mots sans réalité.

Or la douleur, la crispation des traits par la douleur, Ribera ne s'y attache pas, sauf une fois, une seule. Singulier qu'en ses douloureux tableaux, les endoloris soient montrés ou dans l'imminence de la torture dont voici les apprêts, ou stoïques dans le tourment, ou expirés sans que les affres dernières restent pour ainsi dire ancrées dans la rigidité du cadavre, comme on voit à la Morgue l'épouvantement maintenir béante la bouche de l'assassiné. La douleur espagnole, c'est le Christ de Moralès qui l'affiche. Du nord au sud de la péninsule, sculptée, peinte, sa face ensanglantée vous poursuit. C'est elle qui, promenée dans les rues le vendredi saint, tire des vieilles dévotes un *Ecce homo* apitoyé. C'est elle, où, tournant dans le cercle de sa violence originelle, Ribera se serait complu, si borné par l'horizon natal, jaloux seulement d'inscrire à côté de Ribalta et de Juanes une nouvelle étoile au ciel provincial, il eût « fermé l'école de Valence », comme M. Taine n'aurait pas manqué d'écrire s'il eût appliqué à l'Espagne sa faculté de comprendre ce qu'il ne sentait point.

Dans sa Vie du Corrège, qui, né à Parme, y resta

et mourut, Théophile Gautier agitant lequel pour l'artiste est plus salutaire : sortir de chez soi, élargir le champ de sa vision, se donner ailleurs le coup de fouet de rivaux, ou bien travailler en profondeur sur des sensations d'enfance et de jeunesse, Théophile Gautier écrit ce morceau que, pour sa poétique grâce, je ne me tiens pas de citer :

Est-il besoin, pour avoir du talent, d'abandonner sa patrie, de rompre ces filaments qui vous attachent au sol natal, de quitter cette atmosphère où l'on a bu les premières gorgées de la vie, de rompre cette harmonie de la créature et du milieu, de renoncer à ces aspects familiers dès l'enfance, à ce naïf étonnement des choses, à cet éblouissement de la lumière, à cette sympathie pour des types particuliers qui sont comme la physionomie et le visage de la mère sacrée ? Ce dépaysement ne trouble-t-il pas les aptitudes naturelles et les originalités profondes, fruit du climat, de l'air ambiant, du caractère géologique et de la concentration même de l'intelligence dans un cercle étroit, mais bien connu ? Un ciel plus chaud, une clarté plus intense, une coloration plus diverse, des contours plus arrêtés, un costume différent, des types d'une étrangeté saisissante, un idéal placé ailleurs, des modes de style peuvent faire dévier l'organisation la moins susceptible de s'égarer.

Mais on peut se sentir exilé dans sa patrie. Parme, Mantoue, d'autres petites villes d'Italie non moins célèbres par l'artiste qu'elles ont porté, sont comme de madréporiques îlots d'une ancienne Polynésie d'art engloutie sous les eaux de l'invasion germanique et qui émerge de nouveau. De l'un à l'autre on communique. Autant d'îlots, autant de princes mettant leur gloire à se perpétuer par l'image,

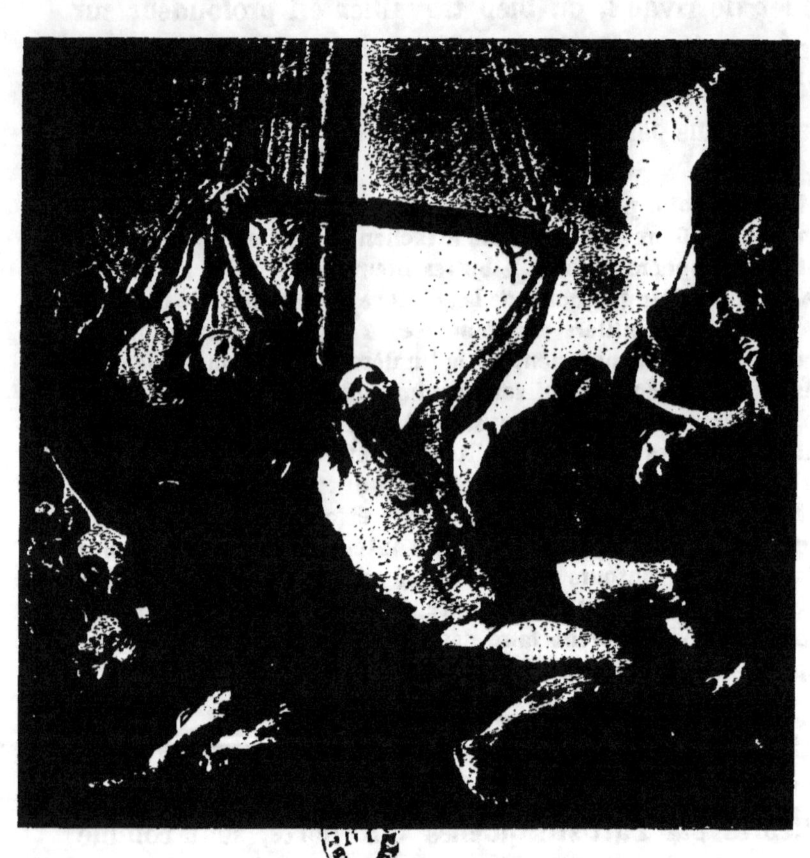

MARTYRE DE SAINT BARTHÉLEMY

(Madrid. Prado)

par l'édifice et se disputant architectes, peintres, sculpteurs. Des maîtres partout, des monuments que les barbares et l'usure n'ont pu couper du grandiose passé, des statues qui ressuscitent ; des érudits qui dissertent de la trouvaille, un patriotisme municipal qui fait le plus inculte des citoyens s'enorgueillir d'une œuvre dont la portée n'est pas à sa vue.

Au rebours, à Valence, autour d'un peintre gauche quelques disciples endoctrinés à fournir comme lui à un fanatique clergé. En dépit de son séjour, j'allais dire son stage à Rome, et de son coloris de vitrail qui l'a fait surnager, si peu sinueuse est la main de Ribalta, que ses personnages ne donnent pas l'illusion de poursuivre un mouvement commencé. Au lieu de charnières jouant avec l'aisance de la vie, des raideurs de poupée. Confrontées avec des fadasseries, sans doute surprennent-elles par l'accent. L'Espagne est la terre de l'accent. Même des peintres mystiques, Juan de Juanès, par exemple, Valencien comme Ribera, mais qui mourut avant que celui-ci fût né, ont de l'accent.

Cela tient, dit-on, à la vigueur de leur foi. Vigoureuse ou non, savez-vous seulement si elle est ? N'est-il pas présomptueux d'inférer de pratiques qui étaient alors de bienséance, un sentiment intime, ayant, pour se tenir inviolable, de circonspectes raisons ? Les mécréants n'étant pas moins accentués, il monte de l'ossature même de la péninsule, cet accent plus aisé à sentir qu'à définir et dont la farouche rétivité a tant de prise, que certaines œuvres du cru gagnent à manquer de virtuosité. Dans l'histoire de la peinture espagnole de Paul Lefort est reproduit un portrait de sculpteur andalou par Francesco Varela. On ne sait pas grand'chose de Varela sinon qu'au xviie siècle il vivait à Séville et qu'il y est mort. Son nom ne vient pas aux lèvres de qui n'aime à voir du panorama de l'art espagnol que les dômes et les clochers. Toutefois sa gorille empesée, sa bonhomie et gentilhommerie mêlées ne vous quittent pas de sitôt. Est-ce aux traits que tient l'accent ? Ou à l'autorité dont ce visage se fait place dans l'atmosphère qu'il semble impérieusement écarter ?

Ribera, pour les Valenciens qui le rencontraient blanc-bec, Ribera était né pour marquer le pas régional. Qu'il ait ambitionné le style, aussi indéfinissable que l'accent, le souverain style des maîtres italiens, voilà sa grandeur intime qui, si conjecturée qu'elle paraisse, ne fait doute pour qui, à travers l'œuvre, perce jusqu'à l'homme. Chaque fois qu'il y atteint, c'est que le cœur y est. Le talent, chez lui, dépend de l'émotion. A l'Académie San Fernando, il me souvient d'un anachorète où l'opposition de la lumière et de l'ombre tranche comme le tac au tac d'une cornélienne réplique, et d'un San Tomaso ou des prunelles d'oriental illuminent autant que dans la basilique de Ravenne celles de Theodora. Dans la Déposition de Croix de la Chartreuse Saint-Martin, une tête d'homme pensive me remet en mémoire ce mot d'un janséniste : Plus on sent, moins

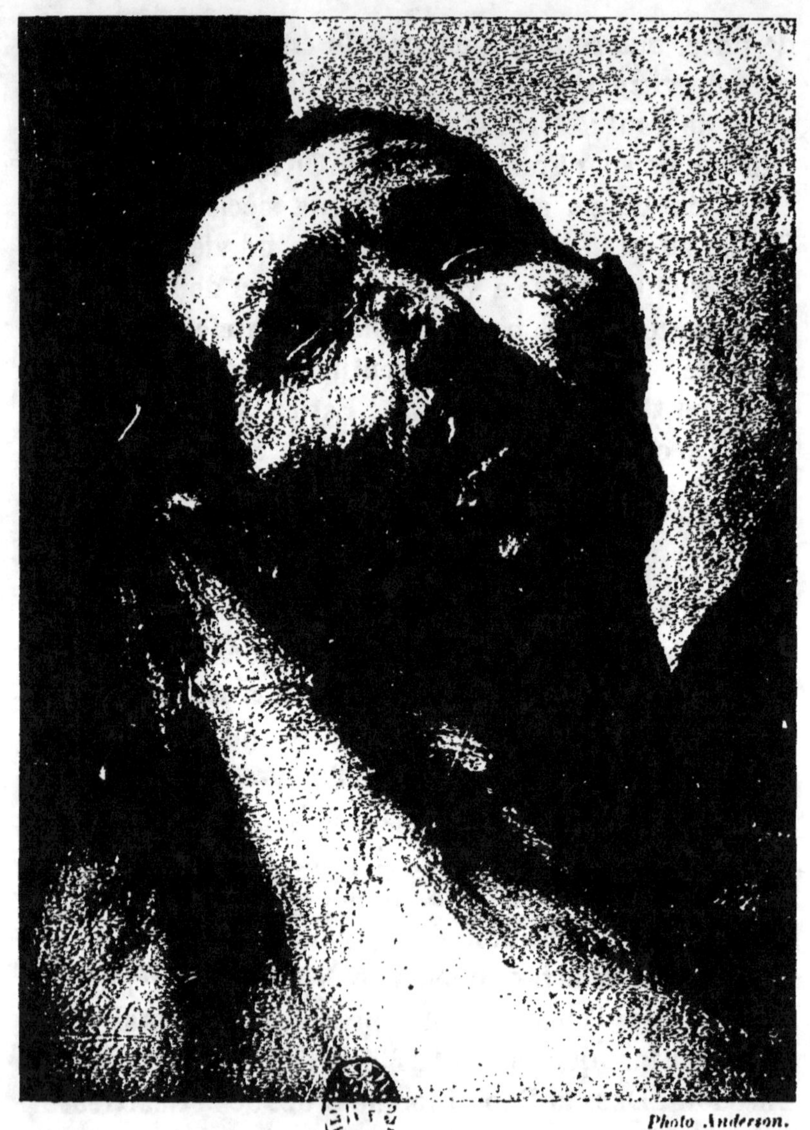

MARTYRE DE SAINT BARTHÉLEMY

(Fragment)

(Madrid. Prado)

77-78

on témoigne. Dans la collection Cavalhò, le portrait de docteur coiffé d'un bonnet à la Faust unit l'action du soldat à la méditation de l'étude. Quant au pied bot de la collection Lacaze, au Louvre, gloire à lui, c'est la seule de ses œuvres que la photographie ait popularisée.

Devant ce nain on dit : C'est la nature prise sur le fait. Le style est d'en donner l'illusion. Ce pied bot, nabot, probable qu'il ne riait pas d'un rire égaré et que, encroûté par la poussière des routes, larve humaine, il ne se campait pas aux passants comme il fait aux visiteurs du musée du Louvre. Sa casaque, on n'en voyait plus la couleur. Calcinée par le soleil, lavée et délavée par la pluie, elle n'appliquait sur un diminutif d'homme qu'un résidu de haillons. Le relief dont il est dépourvu, le peintre l'en rehaussera.

A Naples, un jour que la terre natale lui versait l'amertume avec la douceur des premières années et que les êtres familiers à l'enfance lui revenaient, répétant jusqu'à leurs tics, dans ce miroir mémorieux qui les précise à jamais, le nain traversa ces temps d'insouciance. Il l'avait oublié. Les maîtres italiens le lui avaient fait oublier ; aussi les martyres, dont, après que celui de saint Barthelémy eût plu au vice-roi, les amateurs et les églises lui commandaient une réplique; aussi la gloire dont les premiers feux obscurcissaient tout ce qui, avant cette aurore, avait lui. Maintenant, du fond des impressions premières, l'infirme resurgit. Dans Jativa, il va, vient, jamais rudoyé, la commisération

7

étant acquise à l'innocent qui par étymologie est incapable de nuire. La charité chrétienne lui subvient et le vagabondage que les gens du Nord punissent, mais où le Midi ne voit point de mal, le familiarise à tous. Où il ne voyait qu'un déshérité, pour Ribera maintenant c'est la pouillerie natale. Soudain, sans que rien ait préparé sa sortie de l'ombre, le difforme monte sur le tréteau du passé et le voici étalant son rire avec sa denture gâtée, malheureux mais n'en sachant rien, si c'est être malheureux que de n'en pas avoir le sentiment, chétif et toutefois de sa tête trop forte pour son corps s'annonçant, qu'on le voie, et marchant avec l'assurance de qui se sent d'assiette, et vous dévisageant avec la certitude qu'il vaut un maravedis. L'Espagne, dit Michelet, seul pays qui ait une littérature de gueux... Peinture de gueux aussi. Erreur de croire toutefois que cette œuvre doive tout au pittoresque. Si elle illustre une des plaies de l'Espagne au xviie siècle, c'est que Ribera est plus qu'un artisan, un artiste. Je renvoie au *Journal* de Delacroix pour approfondir la distinction. Artisan, Ribera aurait campé son pied bot tel que son revenez-y d'enfance le lui représentait, sans y mettre du sien davantage. Artiste, il va plus loin qu'une curiosité de difformité. Il donne un raccourci de la gueuserie nationale.

O puissance de l'art ! des érudits, genre M. Taine, pour démontrer la misère alors de l'Espagne, pour en chercher l'attestation dans les témoignages du temps, se consument dans les bibliothèques, s'y usent les

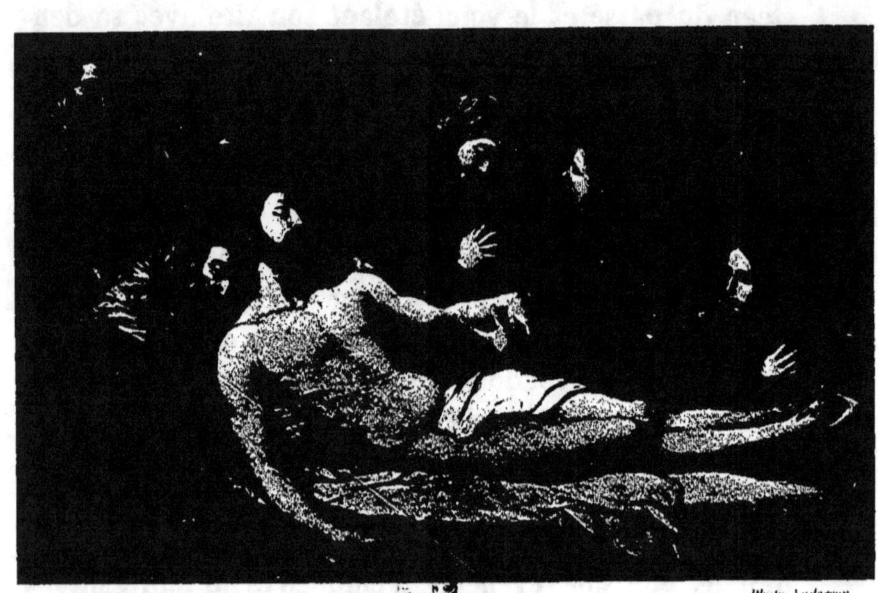

LA DÉPOSITION DE CROIX

(Madrid)

yeux, inclinent inesthétiquement leur épine dorsale, écrivent des volumes malaisément portatifs que peu de personnes s'imposeront de lire, tandis que deux mètres carrés de toile peinte en disent plus long. La supériorité de l'art, la voilà.

A garder pour la fin : le Christ mort, du Louvre. A Madrid, où trois douzaines de Ribera dorment depuis que Velasquez les y fit venir, à Naples qui en a son contingent, ce chef-d'œuvre n'a point son pair. Dans toute perfection il y a réussite, je veux dire une part de bonheur. Ribera dut le sentir puisque cette toile, il prit la peine de la signer. On ne saurait rien du peintre qu'on le devincrait espagnol, au côté ombre et au côté soleil qui oppose les personnages comme aux tauromachiques arènes il oppose les spectateurs. Si nourri est dans ce tableau le foyer de lumière, que les disciples de Jésus en reçoivent comme un jet qui porte à haute tension la vivacité de leurs physionomies. Dans le fond, une femme en noir. D'abord on ne la distingue pas. Du plus épais des ténèbres elle s'avance, ténèbre elle-même, deuil, silence, résignation; pleureuse qui ne pleure point, vociératrice qui ne vocifère point, elle entre dans notre champ visuel avec une lenteur qui se veut lointaine. Dans une salle de la sculpture du moyen âge, au Louvre, vous rappelez-vous un tombeau où le gisant est porté par huit femmes encapuchonnées, dont on ne voit que le capuchon ? La mère en deuil, de Ribera, leur offrirait son épaule qu'elles l'accepteraient comme étant des leurs.

Ribera étant classé réaliste, qu'est-ce que cela veut dire ? Réaliste, idéaliste, termes trop généraux pour rendre rien de précis. S'ils ont un sens, il est autre que l'entendent les professeurs.

Les idéalistes n'ayant pas, moins que les réalistes, scrupule du réel, à quoi tient leur différence ? Au phénomène que voici : certains artistes doués d'un pouvoir de transposition peignent un fait historique ou légendaire, peu importe ; ne travaillant pas de chic, ils prennent des modèles appropriés, les drapent de plus ou moins vraisemblables oripeaux. Et quand c'est fini, la scène s'épure de ce qui la situe dans l'espace et le temps. Exemple : Le bon Samaritain, de Rembrandt. Un malade qu'on soutient et qu'on hospitalise ? Non, mais la compassion universalisée. Devant la courte paille de Delacroix, pénètre-t-on que ces naufragés à la dérive lui furent inspirés par un cannibalisme de l'an 1832, la faim les ayant ensauvagés jusqu'à tirer à la courte paille ? Non. Monté de l'anecdote, ce drame, c'est de l'horrible de toujours.

Ribera, cette faculté de transposer le réel lui est le plus souvent refusée. Au musée du Prado, un juif de Naples qu'il a fait poser a pour titre : le Sauveur. Mais c'est un juif de Naples qu'il a fait poser et personne n'en doute. Son saint Laurent est une académie. Son Jacob, pasteur, à l'Escorial, on lui voudrait un peu de recul ; visiblement, mouton, bœuf et lui-même sont péninsulaires et le paysage *idem*. A l'Académie San Fernando, son Ascension manque d'élancement.

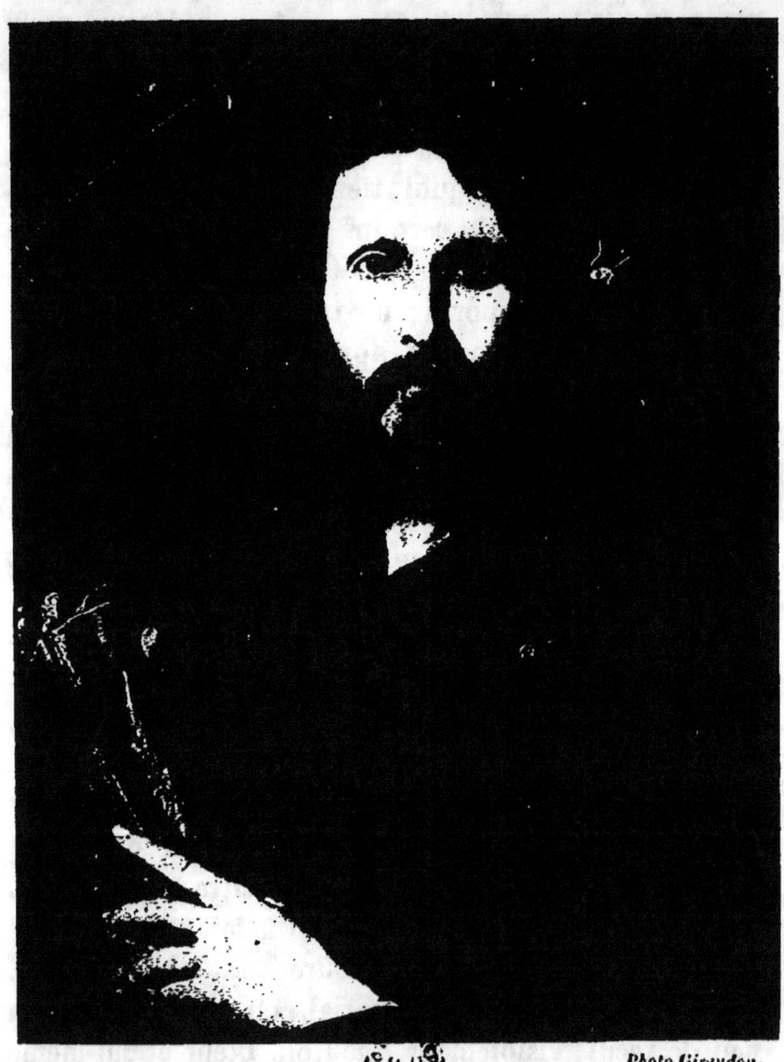

PORTRAIT DE JEAN DE PROCIDA

(Marseille. Longchamp)

En tant qu'ascensionniste, Murillo a plus d'élan. Sa Madeleine pénitente, dévote en mantille. Au Louvre, les bergers qui adorent sont compatriotes de Jacob, c'est-à-dire qu'ils rentrent tous les soirs dans Jativa avec leurs troupeaux. Mais dans le *Christ mort*, l'auguste du cadavre, l'admiration recueillie de ceux qui le veillent, tiennent l'idéal et le réel embrassés.

Approchez, reculez, même vigueur et même éclat. « Ribera — dit Viardot dans les notices qu'il écrivit en 1839 pour servir de texte aux gravures de la galerie Aguado — Ribera, peut-être seul entre tous les peintres, semble s'être joué d'une difficulté formidable de la peinture que Rembrandt aussi s'est appliqué quelquefois à vaincre ; il a résolu mieux que tout autre un problème fort important dans son art ; c'est que ses ouvrages, j'entends les plus soignés, n'ont pas besoin qu'on leur cherche un *point de vue* et qu'ils peuvent être vus de toute place. Qu'on les examine dans leurs détails, de près, minutieusement et à la loupe, ou qu'on regarde l'ensemble, l'aspect général, à trente pas de distance, ils produiront le même effet, le même saisissement et sembleront toujours faits pour la perspective où se trouve le spectateur. »

Au musée du Louvre il y en a quatre qui ne « semblent pas faits », n'étant pas du tout « soignés », pour employer le style pot-au-feu de l'ami de Tourgueneff. Ce sont les quatre piliers d'estaminet peints avec de la lie de vin et désignés chacun par ce mot : philosophe, que l'administration a accrochés « en hirondelle », comme disent les rapins, c'est-à-dire à cinq mètres au-dessus du plancher.

Est-ce parce qu'ils regardent les visiteurs de haut qu'ils sont philosophes ? Parce qu'ils ont le vin mauvais qu'ils regardent rébarbativement ? Parce qu'ils seraient tentés de se cogner dur que le quatuor a été largement espacé, comme fenêtres sur façade par un architecte qui est pour plus de plein que de vide ? Taille, corpulence, biceps sont, pour tous quatre, les mêmes. Celui qui les a peints avait le sens de la symétrie. Ils ont dû être dénichés au Rastro. A Madrid on nomme ainsi un marché analogue à notre Temple, mais en plein vent où, sans réglementation aucune, vient vendre qui a n'importe quoi à vendre. D'où le même hétéroclite amas qu'à Paris à la foire à la ferraille, à Rome, place Navonne. C'est une maxime madrilène que, avec du flair, du bonheur, de la patience, de la bravoure aux puces et même aux poux, on a chance de tomber sur un chef-d'œuvre et de l'acquérir pour deux réaux. D'après les méchantes langues de Madrid, ce phénix est encore à trouver. C'est le fait des gens qui jugent plus commode de médire que d'y aller voir. S'ils y étaient allés voir, sûr qu'ils auraient trouvé, philosophant sous le ciel, cette partie carrée de philosophes, et qu'à deux réaux la pièce, soit deux pesetas pour le tout, l'affaire eût été si fructueuse qu'ils auraient commandé l'équivalent.

Le Louvre n'en peut mais. Beaucoup de donateurs stipulent : Tout ou rien. Et le musée, pour ne pas man-

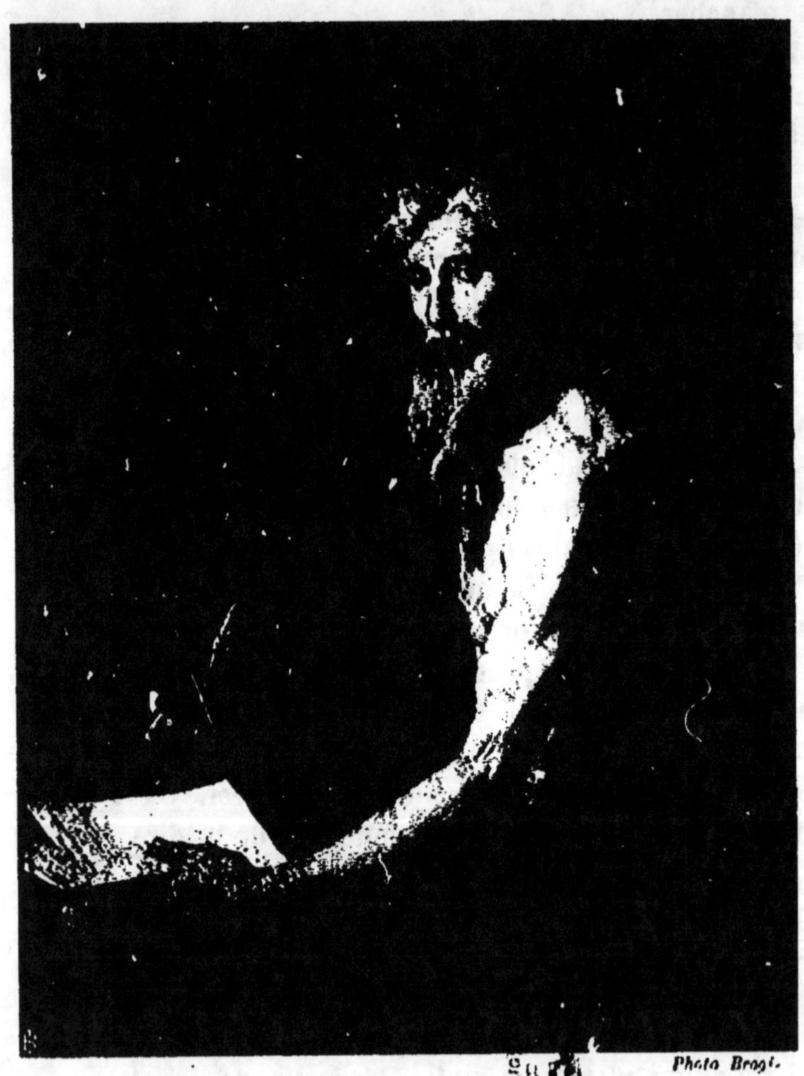

SAINT JÉRÔME

(Naples)

quer de belles pièces, comme on dit, accepte le solde, quitte, quand les héritiers naturels auront été fauchés, à reléguer au grenier les peintures apportées là par un égarement de flair à travers le Rastro, où les chefs-d'œuvre ne sont pas hors de prix. Juchés à cinq mètres du premier étage, nos philosophes de cave sont encore appelés à monter.

IV

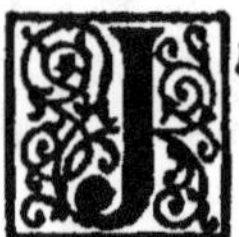E ne voyais pas Ribera si grand, s'étonnera
plus d'un lecteur.
Il lui manque de n'avoir pas divinisé

Celle à qui va l'amour et d'où nous vient la vie.

Parmi les femmes éparses dans son œuvre, pas une
qui trahisse qu'elle a attendri ce dur génie; pas une
qui donne à penser que la caresse du pinceau a précédé
ou suivi; pas une qui sous des changements de costume, d'âge, de posture, répète un constant type de
femme attestant la hantise de ce visage par cette imagination; pas une dont le sourire en dise long sur son
art d'aimer; pas une dont on rêve comme d'une
inaccessible vivante; pas une qui exaltant l'artiste, le
monte au-dessus de soi-même. Que nous voici loin de
la Gioconda de d'Annunzio, et de son sculpteur à qui
est si nécessaire la femme inspiratrice qu'il se justifie de

la quitter quand elle a cessé de l'inspirer ! Loin de Botticelli qui, sans sa faunesse aux saltantes gambades, attiédirait sa vénusté. Loin de Rubens qui, pour préluder à ses kermesses, n'a qu'à embrasser son opulente blonde.

Dans le *Banquet* de Platon, où chaque convive dit son mot sur l'amour, vous rappelez-vous la fable qu'Aristophane imagine : Le genre humain autrefois composé de mâles, de femelles, et d'androgynes, et chacun se reproduisant par parthénogénèse, pullulant jusqu'à inquiéter Jupiter pour sa domination. « Coupons en deux chaque corps, décide-t-il. Dès lors les sexes séparés ayant à faire de se rejoindre, me laisseront tranquille ; les moitiés d'androgyne surtout, chez qui la volupté devient l'exclusif emploi. » Quant aux moitiés de mâle, par virilité de caractère — dit Aristophane — elles recherchent la compagnie de leurs semblables. Est-ce par virilité de caractère que Ribera est inapte à rendre la féminité ? S'en détourne-t-il de lui-même ? Ou bien souffre-t-il de cette incapacité ?

Marié, père d'une jeune fille, Ribéra n'en est pas moins spéculativement misogyne. Sa femme à barbe, à l'Académie San Fernando, n'est-elle pas pour tourner « le sexe » en dérision ? Derrière cette barbe aussi noire que les cheveux, son vieux mari n'a pas l'air dégoûté. Et pour qu'on ne le taxe pas d'imagination enlaidissante, Ribera jure que c'est vrai par ces mots écrits sur un coin de la toile : (Je traduis) : « Portrait de Madeleine Ventura, née dans les Abruzzes, âgée de

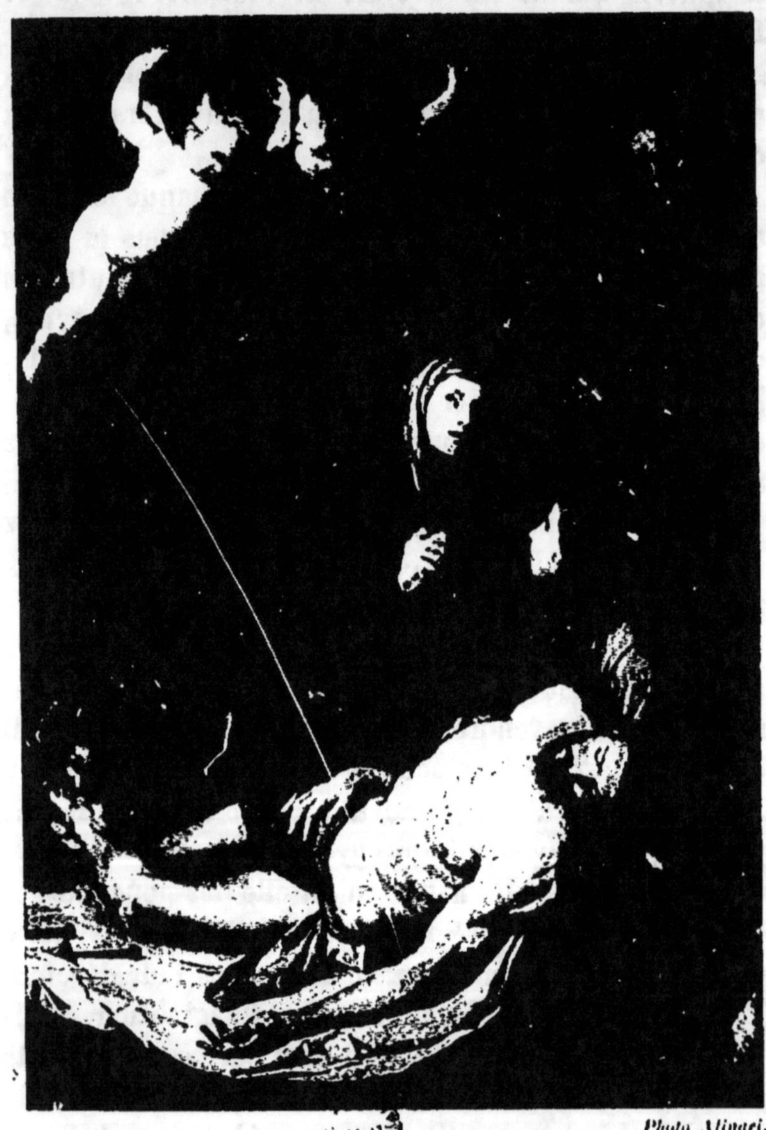

LA DÉPOSITION DE CROIX

(Naples. Chartreuse Saint-Martin)

52 ans. Elle en avait 37 lorsqu'il commença de lui pousser une longue barbe. Elle eut trois enfants de son époux, Félix de Amici. Peint d'après nature pour l'étonnement des vivants par Joseph de Ribera. »

Dans le clair-obscur de la vie de Ribera, l'obscur a plus d'étendue que le clair. A Naples, les vice-rois succèdent aux vice-rois. A compter du duc d'Ossuna qui remarqua, dit-on, le martyre de saint Barthelémy et l'acheta ou le fit acheter sur l'argent de poche de Philippe IV, on cite le duc d'Albe, le duc de Medina de Las Torras, le comte de Monterey, le duc d'Arcos, l'amiral de Castille, le comte d'Oñate, d'autres ensuite. Car un ministre avisé, quand il juge que sa créature a pris le temps de faire sa main, la remplace. Il a tant d'avidités à contenter! Or, dans l'œuvre de Ribera, pas un portrait d'aucun de ces mamamouchis.

Cependant Velasquez, lors de son voyage à Rome, pousse jusqu'à Naples et incline sa gloire devant son aîné; tel Jesus allant faire visite au Précurseur aussi dépourvu de grâce auprès du doux fils de l'homme que l'était Ribera auprès du peintre de cour. Pourquoi cette déférence n'a-t-elle pas procuré à Ribera des modèles bien payants ? Est-ce lui qui refuse de les pourtraire, ou bien eux qui appréhendent d'être portraiturés contre le fil de leur présumée grandeur ? N'y a-t-il pas incompatibilité entre la peinture d'apparat et ce romantique avant l'heure qui, tel Manet plus à l'aise dans la crinière et le feutre bossué du graveur Desboutin que dans le facies d'un bourgeois, ne s'at taque qu'aux gens mal peignés ? Mal peigné ce Jean de Procida de qui l'histoire ne mentionne pas grand'-chose sinon que sa famille était de renom. Cheveux en maritime broussaille, yeux confiants — le regard dans Ribera, ni pâle, ni traître, toujours direct, l'image de son âme vraisemblablement. — Ce portrait est au musée de Longchamp, à Marseille. Par quels ricochets a-t-il trouvé là son immobilité dernière ? Cette toile, en sait-on l'histoire ? Je l'ai demandé au conservateur. Mais ayant omis de joindre à ma lettre un timbre pour la réponse, je n'ai pas été éclairci.

Pas davantage sait-on de l'écrivain italien à physionomie rageuse, œil de pie, sur l'oreille porte-plume d'oie, impatient de pourfendre les oies, qui profile un ambigu d'agression et de bibliothèque. Pas davantage du sculpteur aveugle pétrissant une statuette, autre trait de la dilection de Ribera pour « le phénomène ». Pas davantage du portrait de docteur coiffé d'un bonnet à la Faust, dans la collection Cavalho, au château de Villandry. Plus bizarre encore : — bizarre est un mot espagnol naturalisé. — Au musée de Montpellier une sainte Marie l'Égyptienne, de qui le visage a cette particularité macabre que sous la peau, bien que la pénitente soit entre deux âges, la tête de mort se dessine. Ribera nous a assez attesté sa véracité pour que nous ne le soupçonnions pas d'y avoir mis du sien. C'est parce que la camarde perçait sous sa peau tendue que cette femme a été promue Marie l'Égyptienne. Au besoin le peintre eût dit : Si vous ne me croyez, véri-

LE CHRIST AU TOMBEAU

(Musée du Louvre)

fiez sur l'original. C'est dame une telle ; de même que pour la femme à barbe il annonce le nom et l'âge et semble s'être interdit d'ajouter un poil à ceux dont la nature s'était donné la dérision.

Des grâces les plus cavalcadantes, le génie de Velasquez passe à des *Borrachos*. C'est son privilège d'être partout de plain-pied. A mesure que la société est allée s'embourgeoisant, l'artiste a été moins apte à concilier dans sa sympathie le haut et le bas de l'échelle sociale. Il n'a plus lieu de dire : *Artifex sum et nihil humani...* Il s'est scindé ; l'un a opté pour l'élégance conventionnelle, l'autre pour des dehors truculents. Goya est le dernier qui ait posé sur Charles IV, sur sa mafflue de femme, sur les madrilènes entremetteuses, indifféremment la même griffe impitoyable. Depuis, les gens du monde, en Espagne et ailleurs, ont eu leurs froids et fades portraitistes. Édouard VII s'est livré à Detaille. Au rebours, les peintres d'un génie libre se sont écartés des rois, des vice-rois, des salons, des honorifiques fonctions. L'art est une plante sauvage, professe Renoir. Velasquez, maréchal des logis de Philippe IV, en tenant l'emploi, témoin son voyage à Irun pour préparer des logements à la cérémonie qui doit mettre Marie-Thérèse dans les bras de Louis XIV, voilà de quoi ébouriffer nos peintres d'avant-garde.

Ce demi-ensauvagement de l'artiste, on l'impute au romantisme. Depuis quelques années celui-ci a bon dos. Des romantiques, en tout temps, en tout lieu, la nature en fournit. Affaire de complexion. C'était celle de Ribera. Son rébarbatif orgueil sur lequel, en raison de leur unanimité, il faut bien croire les contemporains, se répercute-t-il dans son œuvre ? Pas assez à mon sens .Le tonnerre de ses apôtres, prophètes, anachorètes, ermites mâles et femelles, n'est pas aussi grondant que l'annonçait l'éclair de son âme. Il n'a pas craché assez fort son dégoût. S'il est vrai que sa fille ait tari ses jours de ce qu'ils contenaient encore de consolation, je souhaiterais que picturalement, son affliction eût la véhémence de Berlioz achevant ainsi ses mé...oires : « Je suis seul. Mon mépris pour l'imbécillité et l'improbité des hommes, ma haine pour leur atroce férocité sont à leur comble ; et à toute heure je dis à la mort : « Quand tu voudras ! » « Qu'attend-elle donc ? » Mais la foi amortit ces malédictions. Elles s'assourdissent en tableaux d'église. Il est chrétien.

L'*Adoration des Bergers*, de José Ribera, écrit Théophile Gautier, appartient à la manière tempérée du maître, ordinairement plus fougueux, plus violent et plus inculte : Ribera, qui avait dans son génie féroce quelque chose du spadassin, de l'inquisiteur et du tortionnaire et qui se plaisait dans la représentation des martyrs en proie aux bourreaux, des saints disséqués par la pénitence, des vieillards arrivés au dernier degré de la décrépitude qu'il reproduisait avec une vérité effrayante et une vigueur d'effet et de touche que personne n'a dépassées, n'était cependant pas incapable de sentir et d'exprimer la beauté pure. Il n'en faut d'autres preuves que la délicieuse tête de la Vierge qui reproduit avec tant de charme le type espagnol dans l'*Adoration des Bergers*. Ses beaux yeux noirs sont pleins de lumière, et si ce n'est pas tout à fait la Marie du Ciel, c'est du moins la Marie de la terre, aussi belle que le pinceau la puisse rendre. L'enfant Jésus repose .dans une crèche de buis remplie de paille,

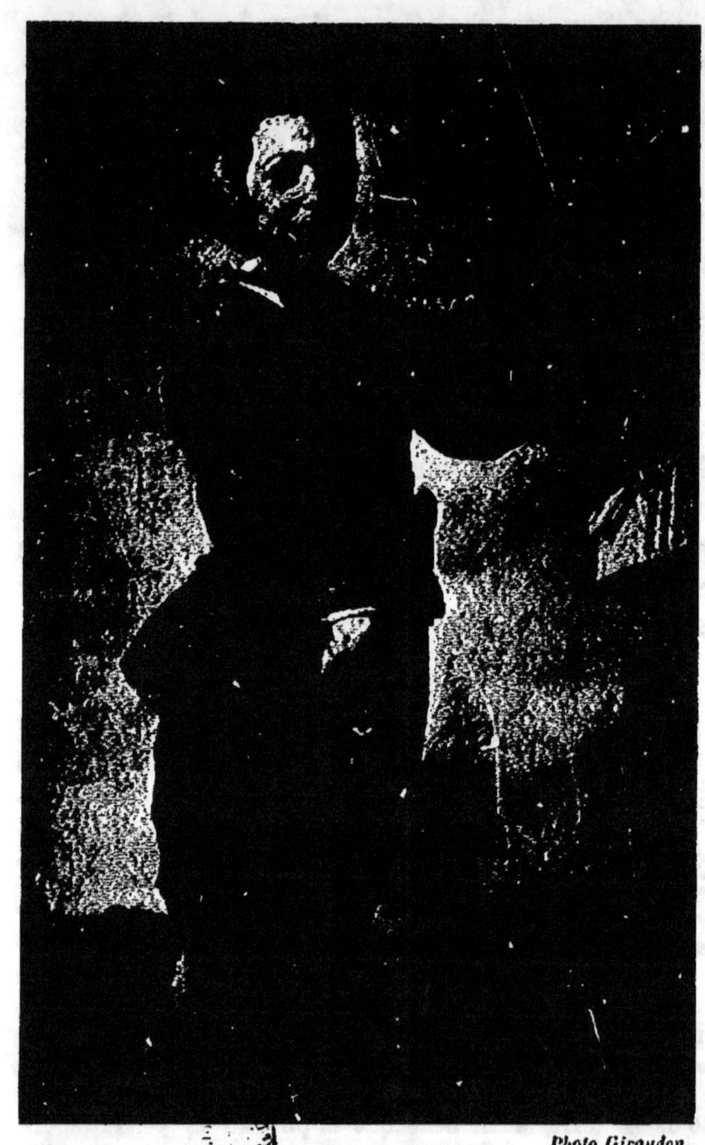

LE PIED BOT

(Musée du Louvre)

qu'entourent trois bergers et une femme en adoration. Ils n'ont pas l'or, l'encens et la myrrhe comme les Rois Mages, mais ils offrent ce qu'ils possèdent, le tribut opime de leur pauvre richesse, un petit chevreau nouveau-né. Dans le fond, un ange annonce l'heureuse nouvelle à des bergers qui paissent leurs troupeaux sur la montagne. Mais, sous cette douceur voulue, on sent la force qui se contient, et le coloris, quoique lumineux et blond a une vigoureuse intensité.

V

La Camarde et son peintre.

Les romantiques aimaient le pittoresque. C'est un goût que Ribera ne peut contenter. Au rebours de Velasquez, de Goya, si riches en costumes, il est pauvre en accessoires historiés. Magasin pittoresque, si en 1833 un éditeur avisé, Édouard Charton, intitula ainsi sa publication — dont on sait jusqu'en 1850 la fortune, — c'est que ce mot remuait les imaginations. *Tra Los Montes,* de Théophile Gautier, qu'est-ce que du pittoresque cherché, trouvé, rendu par un magicien de lettres qui toutefois repasse les Pyrénées aussi ignorant des êtres qu'il les avait passées puisqu'il n'a voulu voir d'eux que la façade, et que parti de belle humeur, revenu de même, il en veut à l'Escurial de l'avoir un jour assombri ?

Son contemporain, Paul de Saint-Victor, voit plus à fond. Dans ses *Hommes et Dieux,* lisez le chapitre « l'Espagne sous Charles II » et Ribera — quoiqu'il soit mort trois ans avant que Charles II, sous la régence de

9

la maîtresse du père Nithard, succède à Philippe IV, — Ribera vous sera intelligible. En lui vous découvrirez que ce trait de l'espagnol : la curiosité du cercueil, il en a été l'expression.

Avant de mourir, Philippe II se fait apporter une tête de mort et la coiffe de la couronne royale. Son père, Charles-Quint, se donne, à Saint-Just, la *répétition* de ses funérailles. Sa grand'mère, Jeanne la Folle, promène en litière par toute l'Espagne le cadavre de son mari l'Archiduc et le veille cinquante ans. Philippe IV se couche souvent dans le cercueil qu'il s'est fait fabriquer comme pour en prendre mesure et voir comment il y dormira. En Charles II la monomanie du tombeau s'exaspère. Il descend au *pourrissoir* de l'Escurial et se fait ouvrir tous les cercueils par ordre de temps et de succession. Avant de mourir, dit-il, je veux visiter mes ancêtres morts, réalisant Shakspeare et jouant au naturel une scène d'Hamlet.

Encore celle-ci se passait-elle sous le dais du ciel. Mais dans ce caveau où les niches en ordre ne sont que des calendriers du passé, la mort, dit Paul de Saint-Victor, la mort y paraît plus morte qu'ailleurs. *Vila, stultitia,* ai-je lu sur le jaspe d'un infant d'Espagne. L'Escurial tout entier n'est-il pas un sépulcre ? Philippe II là-dedans « c'est Tibère anachorète au fond d'une Caprée mystique. » Erreur de croire que cette *stultitia* fût sur la peau de la nation comme une excroissance morbide. Une dynastie ne dure guère où le peuple ne se reconnaît point. Peut-être même sans

PORTRAIT D'UN DOCTEUR

(Château de Villandry. Collection Carvallo)

qu'elle en ait le sentiment lui communique-t-il son visage.

Quoique de sang étranger, le petit-fils de Louis XIV, Philippe V, s'assombrit par satyriasis autant que Charles II par impuissance. Sa naturalisation étonne Saint-Simon. Son fils Louis Iᵉʳ, à dix-sept ans, aurait pu poser, Herrera peignant, pour un apprenti inquisiteur. Ferdinaud VI est né mélancolique et Charles III ne peut sans *stultitia* aller jusqu'à la mort. « Pour se distraire il s'enfonçait dans la chasse comme dans une mêlée, massacrant en masse cerfs et chevreuils, les parquant parfois en grandes troupes dans des enceintes de toiles et faisant tirer sur eux à coups de canon. On le rapportait chaque soir dans son lit, saoul de fatigue et de sang. »

En 1679, Marie-Louise d'Orléans, fille de Monsieur et d'Henriette d'Angleterre, épousant Charles II, on la régale d'un auto-da-fé. Place Mayor, l'échafaud est dressé. Au balcon, à côté de son époux, elle prend place. C'est une fête. Les ambassadeurs avec leurs femmes, la cour, personne n'y manque. On amène en procession les victimes. Il y en a qui ont de la chance. En sa mansuétude, le grand inquisiteur veut bien leur faire la grâce du bûcher. Elles ne seront brûlées que mortes. Elles auront la satisfaction d'être étranglées auparavant. Quant aux voués à l'incinération *in anima vili*, c'est encore une grâce du grand inquisiteur aux spectateurs privilégiés de leur en épargner l'horreur. Après la lecture de la sentence et la messe des morts —

deux bonnes heures — ils pourront se retirer. Le bûcher est hors des murs sur un terrain vague où la populace, pour s'en repaître, sera à l'aise. Au moment d'y être amenés, un de ces malheureux crie vers la reine et l'implore. C'est une jeune fille. Mais un juge laïque ou ecclésiastique s'est-il jamais laissé attendrir? Déjà l'inquisiteur voyant se détourner, pâlir la reine, plombe d'un regard à chair de poule cette française de chancelante foi.

Cela, direz-vous, se passait en des temps très anciens. Lisez dans Mérimée le récit d'une exécution à Valence, et vous direz si grand est l'écart. Oublie ton corps, pense à ton âme! criait une vieille femme au condamné. Il ne parlait pas autrement, l'inquisiteur de 1679. Ils ne parlent guère autrement, les personnages de la *Dévotion à la Croix*, de Calderon où, pourvu que la foi ait le dernier mot, le nombre des personnes qui lui sont sacrifiées dans la péripétie n'importe point. Soldat, puis écrivain, Calderon finit prêtre, commanda sans doute son cercueil et dormit, la camarde sur sa table de nuit.

Faute de situer Ribera dans ces croyances et dans ces mœurs, on tombe dans l'opinion commune. On lui impute son inspiration. On le reprend, comme si c'était sa singularité, de ses compositions atroces. On ne comprend pas, parce qu'on ne sait pas. Admirez au contraire que, les grands traits d'un caractère national rencontrant toujours un artiste pour les éterniser, admirez Ribera d'avoir été comme choisi par la Providence pour rendre sensible aux yeux ces hantises

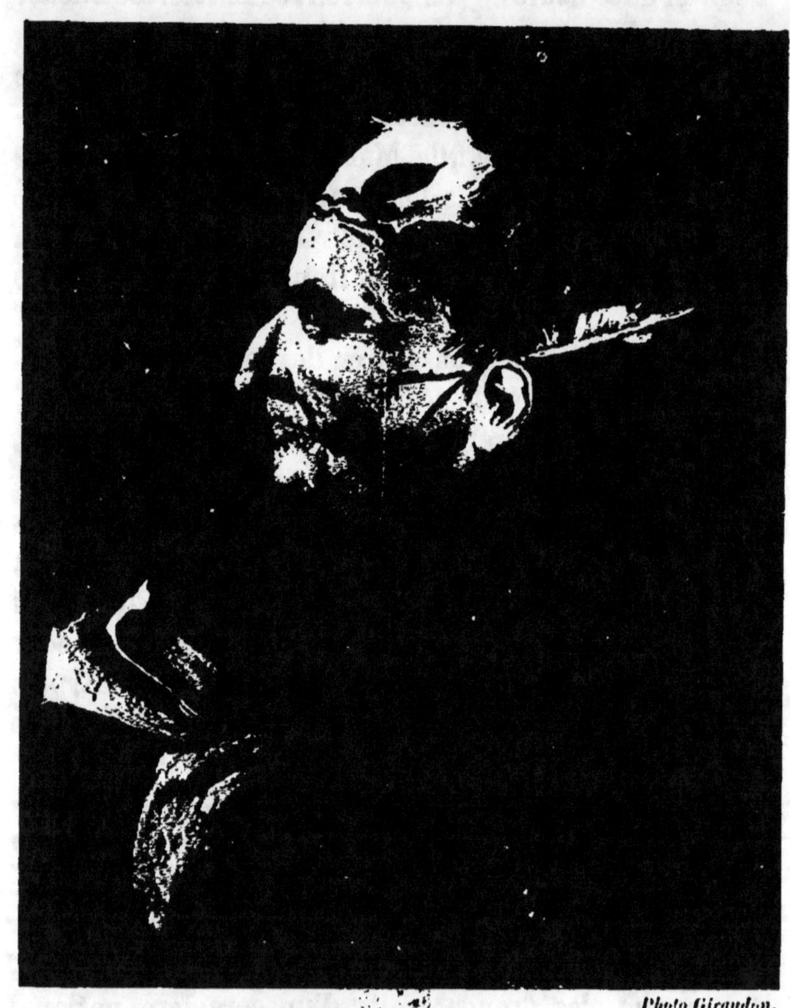

PORTRAIT D'UN POÈTE

(Château de Villandry Collection Carvallo)

funèbres, dont Paul de Saint-Victor met en saillie les historiques cas.

L'Espagne s'étant vidée sur les Amériques d'une part de son énergie, cet exutoire l'a adoucie. La renommée de Ribera n'y a pas gagné. En 1794, Fragonard, se trouvant à Naples, prend à la plume un croquis de la descente de croix de la Chartreuse Saint-Martin. Depuis, aucun artiste que je sache n'a laissé pareille trace d'admiration. Manet, qui a passé, tant à Valence qu'à Madrid, deux ans à copier les maîtres espagnols, Manet ne fait point cas de Ribera. Henri Regnault pas davantage en dépit de sa fougue. Salvator Rosa, élève de Ribera, plus violent encore que son maître, Salvator Rosa est le héros d'un agréable conte d'Hoffmann, Ribera, lui, ne prête pas à la littérature. Peu de chose ce qui a été écrit sur lui. S'attaquant sans bonheur à la mythologie, il a peint un Prométhée. Depuis 1662, Prométhée dévoré par les vers, les Océanides de la renommée ont été tièdes à l'en consoler.

Il lui était réservé un imitateur, Théodule Ribot, à qui cela n'a pas porté chance. Il est mort pauvre, il y a une quinzaine d'années. A la vitrine des marchands de tableaux on voyait fréquemment, on voit rarement un épais de clair-obscur d'où se dépêtre ou un marmiton, ou une flamande embéguinée, ou une paysanne au ménage, ou un mendiant, ou un égosilleur de lutrin, Louis de Fourcaud, que j'ai connu, qui saluait large et portait monocle comme en donna le pli le second Empire, Louis de Fourcaud, le bombarda grand maître,

Dans les journaux, articles en fusées éclairantes. A l'hôtel Continental, banquet d'apothéose. Et maintenant du silence. Tout de suite après sa mort, un marchand accaparant ses toiles pensa faire un coup, comme disent pareillement bandits et agents d'affaires, et n'en multiplia que ses rossignols.

Dans sa grammaire des arts du dessin, traitant du clair-obscur : « Le peintre, écrit Charles Blanc, veut-il produire un énergique relief ? Il resserre l'ouverture par où la lumière entrera et il la fait bondir sur certains côtés de la forme dont la saillie est alors augmentée par des ombres résolues. Il obtient ainsi des plans positifs à la façon de Ribera, au risque de tomber comme ce maître dans l'opacité du noir et d'ôter aux carnations leur aspect naturel en leur donnant tantôt l'apparence du plâtre, tantôt celle d'un cuir jaune et dur qui ne laisse transparaître ni la couleur ni la circulation du sang. »

Oui, mais il y a des plâtres serrés dont l'artifice est bon pour déceler un visage vidé de son sang, l'émotion l'ayant précipité au cœur. Devant la guillotine j'ai vu un condamné enfariné comme Pierrot. Charles Blanc, votre grammaire est omnibus ; celle de Ribera lui est personnelle. Contre-sens de la lui emprunter quand on s'appelle Ribot, qu'on est bonhomme et né dans l'Eure-et-Loir.

Non seulement de son époque mais aussi de son pays, Ribera est indélébilement tatoué. La grotte de Sainte-Marie l'Égyptienne s'entre-bâille sur la montagne,

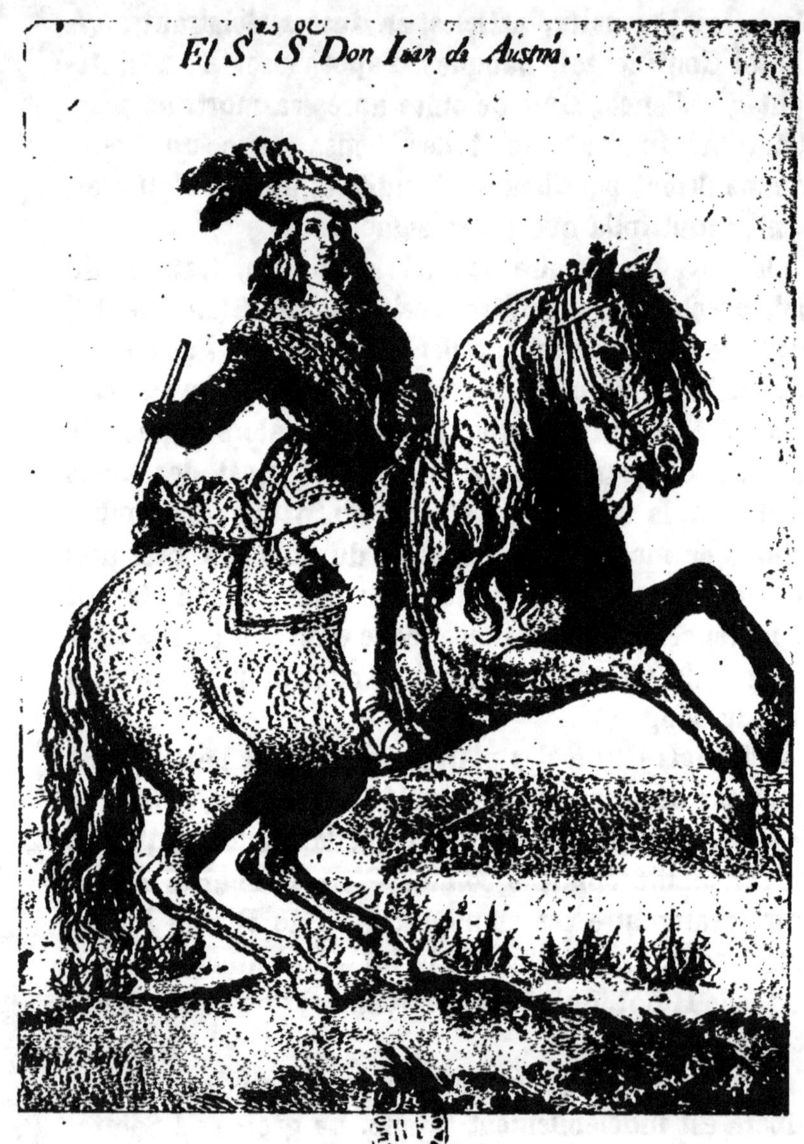

DON JUAN D'AUTRICHE

(Eau-forte)

qu'on aperçoit telle qu'aux approches de Jativa elle s'allonge, dromadaire pétré aux bosses infinies. Non plus que ses personnages, ses paysages ne sont peignés. Les uns ont une âme, les autres une couleur de garenne. Tel déjà il se manifestait quand par les ruines du *Castillo* qui pèse encore sur Jativa il jouait à combattre de la fronde contre les camarades qui faisaient les Maures, tandis que lui, il commandait le parti des chrétiens. *Alarde* où on l'entendait crier : *Santiago y a ellos !* Des témoins de sa dévotion, qui soupçonnait que l'Art le crucifierait à son tour ? Ni son parrain : *compare Berlomeu Cruañyes notari*, ni sa marraine : *comare Margarita Allero, doncella filla de Nofre Allero*, comme les désigne l'acte de baptême en catalan-valencien, ni personne de ses compatriotes, ni son père, ni sa mère.

Leur a-t-il tenu rigueur de l'avoir méconnu et, quand il lâcha les lettres au bout desquelles ils lui préparaient un :

> Pleuve, vente,
> J'ai mon pain cuit.

ne leur pardonna-t-il pas de l'avoir réprouvé ? Enveloppa-t-il tout Jativa dans la rupture qui du fils de famille avait fait un vagabond à qui les chiens aboient et les vantaux se ferment ? Jamais ne revint celui que Jativa cependant avait signé de sa farouche mine. L'aigle n'a pas le mal du pays.

BIBLIOGRAPHIE

BIBLIOGRAPHIE

—

Paul LEFORT. — *Histoire de la peinture espagnole.*

Théophile GAUTIER. — *Guide au musée du Louvre.*

STENDHAL. — *Livres sur l'Italie*, passim.

Paul DE SAINT VICTOR. — *Hommes et dieux.*

Louis VIARDOT. — *Notices sur les principaux peintres de l'Espagne, pour servir de texte aux gravures de la galerie Aguado* (1839).

ANONYME. — *Relation des différends arrivés en Espagne entre don Juan d'Autriche et le cardinal Nitard.*

BERNARDO DE DOMINICI. — *Vite di pittori, scultori, ed architetti napolitani.*

Charles DAVILLIER. — *L'Espagne.*

CEAN BERNUDEZ. — *Diccionario de los mas ilustres profesores.*

TABLE DES ILLUSTRATIONS

TABLE DES ILLUSTRATIONS

TABLE DES CHAPITRES

TABLE DES CHAPITRES

ORLÉANS. — IMPRIMERIE ORLÉANAISE (FRANCE)